MARRIED OR NOT MARRIED

Contents

vol. 73

MARRIED OR NOT MARRIED

일하면서 무수히 많은 동료를 만나왔다. 연령은 20대 중반부터 30대 중반이었고, 그중 많은 비중이 30대 전후의 여성이었다. 그들은 20대에서 30대로 넘어가는 시점을 일생일대의 중요한 순간으로 여겼고, 남자친구가 생기면 동거나 결혼에 대해서 고민했다. 이미 결혼한 나에게 종종 그 고민을 털어놨다. 어떻게 결혼을 다짐하게 되었는지, 지금 남자친구와 결혼을 생각해도 되는지. 나는 그때마다 같은 답을 했다. 내가 아닌 타인에게 보이는 장단점이 있을 텐데, 장점보다는 단점을 눈여겨보라고. 상대의 단점이 내가 감당할 수 있는 정도면 그때 결혼을 생각해 보는 건 어떠냐고. 타인과 함께 산다는 건 나의 한계를 마주하고, 나를 좀더 들여다보게 되는 일이 아닐까. (나의 경우는 결혼보다는 육아가 그랬다.) 그러니까 가족의 수를 늘린다는 건 품이 많이 드는, 좀 성가신 일이다. 내가 결혼하던 무렵에는 어른으로 가는 관문으로 결혼을 생각했다면 다행히도 이제는 선택의 시대가 되었다. 결혼, 동거, 비혼…. 세상이 정해놓은 카테고리에 속하지 않더라도 살아가는 방식을 당당하게 선택하는 이들이 늘었다. 가장 중요한 건 나, 내 삶이다. 우리는 소중하게 내 삶을 고민하고 나아가는 사람들을 만났다. 어떤 형태든 자신을 위한 당당한 선택이 늘어나길 바란다.

편집장 **김이경**

You Are My Life

내 삶의 반

Photographer **Salva López**

함께하지 않은 날보다 함께한 날이 더 긴긴 사람들도 있다.

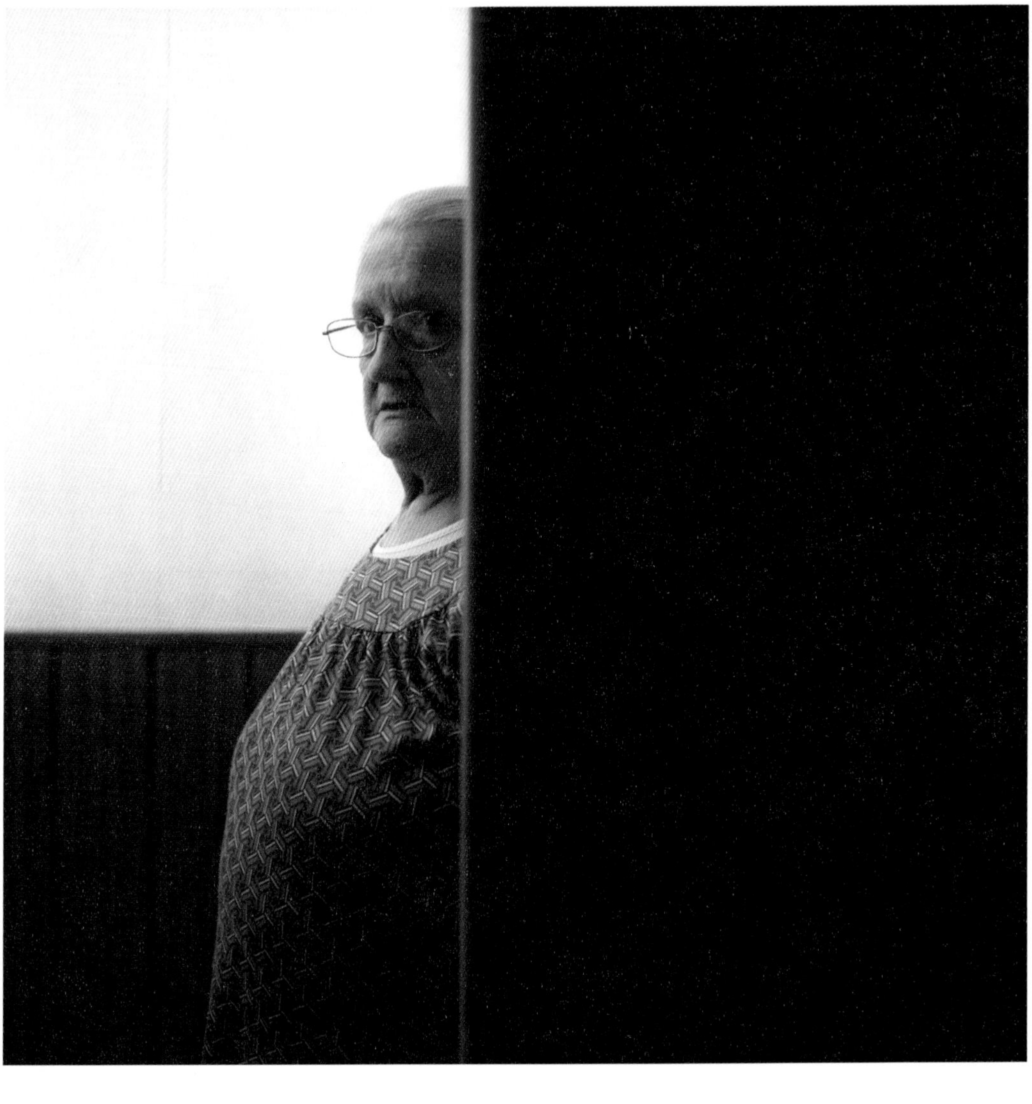

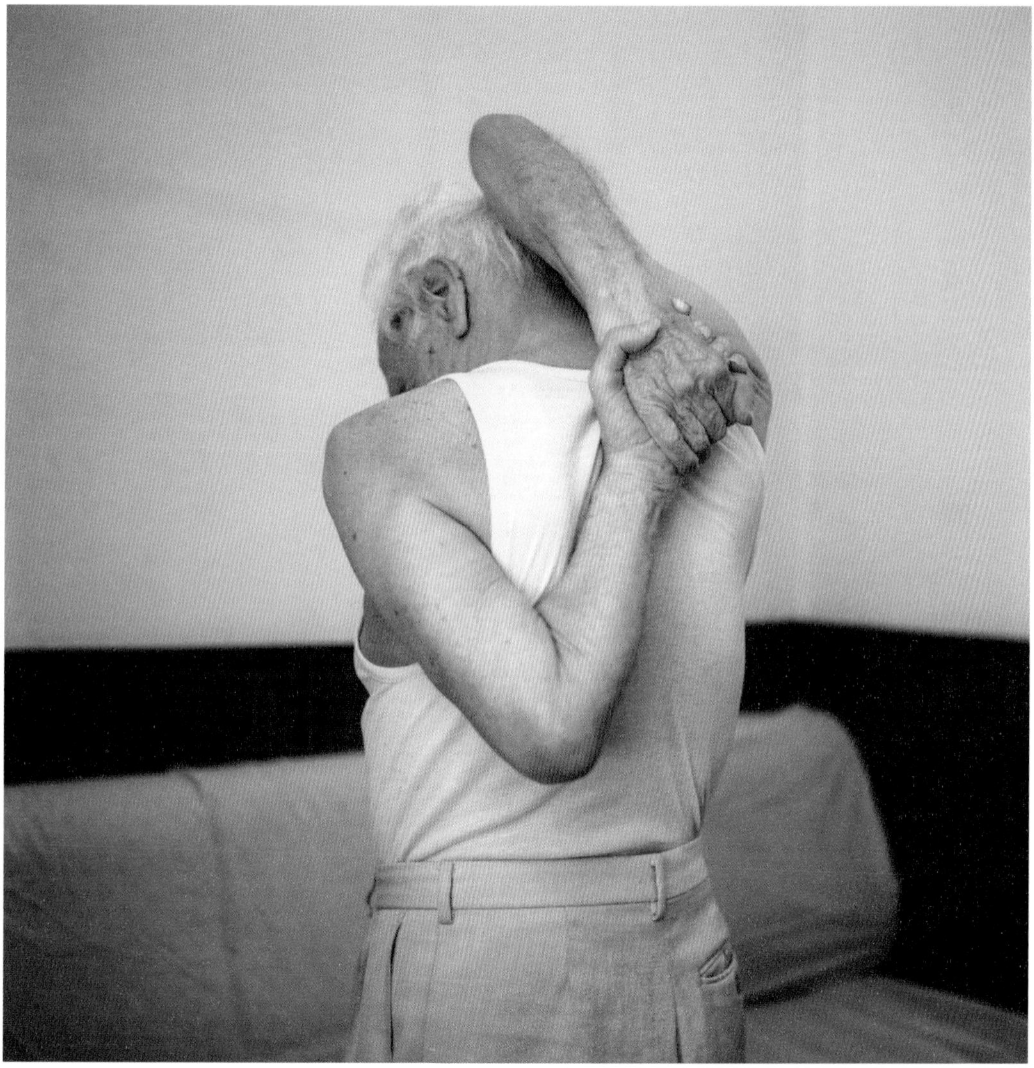

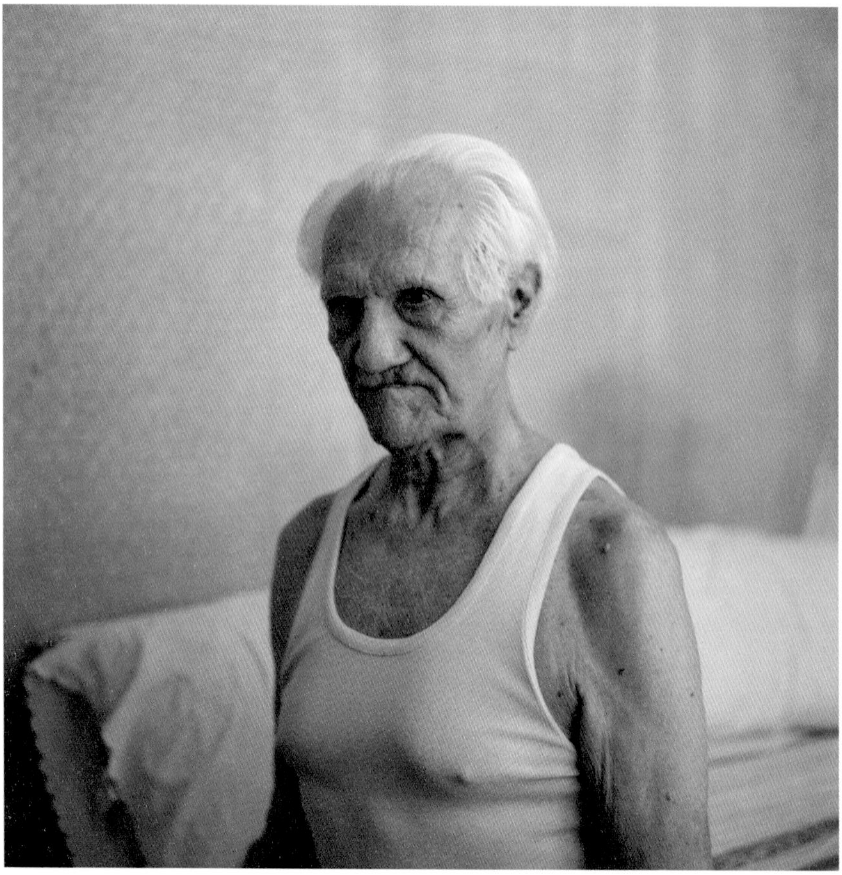

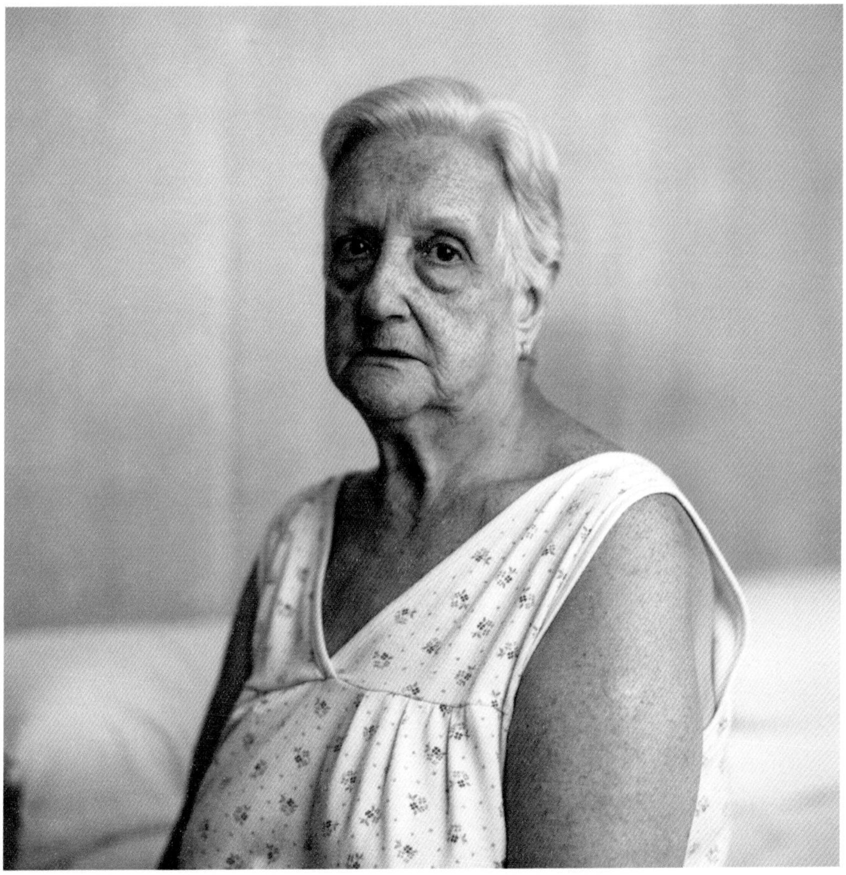

이토록 자연스러운 결

에디터 이주연

만나서 만가워요. 살바의 사진을 보면 마음이 차분해져요. 어떻게 사진을 시작하게 됐어요?

안녕하세요, 저는 바르셀로나에서 활동하는 사진작가 살바 로페스Salva López예요. 한국 독자들에게 제 이야기를 전한다고 하니 설레네요. 사진을 시작한 건 아주 우연한 일이었어요. 제 전공은 그래픽 디자인이었는데 2007년에 좋은 기회로 DSLR을 갖게 됐거든요. 그때부터 사진에 푹 빠져서는 지금까지 완전히 사로잡혀 있어요.

살바의 사진엔 빛과 그늘, 움직임과 정지된 느낌이 고루 있는 것 같아요. 그리고 무척 단정하죠.

저는 항상 미니멀리즘을 추구해요. 미니멀리즘은 최소한의 요소로 강한 에너지를 만들어내기 때문에 대단히 매력적이거든요. 그래서 디자인이든 사진이든 모든 걸 최솟값으로 구성하고 그 요소들로 질서를 만들면서 작업하고 있죠. 작업 중간중간 흐트러진 지점은 없는지 확인해 가면서요. 더 정돈된 모습을 만들기 위해 포토샵으로 사진을 크롭해서 방해되는 요소를 제거하기도 해요.

피사체의 구도를 중요하게 여기나 봐요.

맞아요. 하지만 그보다 중요한 게 있어요. 사진에서 풍기는 분위기죠. 저는 제 작업에 우울한 무드가 있길 바라요. 어둡고 축 처진 우울함보다는 멜랑콜리에 가까운 느낌으로요.

마냥 밝고 활기찬 사진은 아닌 것 같다고 느꼈는데 그 이유가 이거였군요. 오늘은 많은 작업 중에서도 'Roig 26'에 대해 이야기해 보고 싶어요.

'Roig 26'는 제 첫 개인 작업이어서 누군가 관심을 가질 때마다 기뻐요. 이 프로젝트는 6x6 중형 롤라이플렉스Rolleiflex로 5년간 제 할머니·할아버지를 촬영한 시리즈 작업이에요. 저는 대학을 졸업하고 5년 동안 조부모님 댁에서 지냈거든요. 두 분이 사는 곳은 엘 라벨El Rava이란 동네였는데 할머니가 태어난 곳이기도 해서 더 애틋하게 느껴졌어요. 'Roig 26'은 처음부터 프로젝트로 구상한 작업은 아니었어요. 그저 카메라와 새 렌즈를 테스트하기 위해 두 분을 피사체로 촬영해본 거였죠. 그렇게 하나둘 쌓이는 사진을 보니 프로젝트로 만들고 싶다는 생각이 들더라고요. 그때부터 본격적으로 두 분의 일상을 담기 시작했는데, 할머니·할아버지의 생활은 신기할 정도로 365일 같은 루틴을 반복하더군요.

사진이 모두 집 안에서만 촬영된 점도 프로젝트의 완성도를 높여주는 것 같아요.

할머니와 할아버지가 살던 아파트는 두 분의 추억으로 가득해요. 이런 추억들이 없었다면 그저 낡아빠진 아파트였을 거고 제 프로젝트도 힘을 갖지 못했을 거예요. 이 아파트 구석구석에 두 분의 생활이 녹아 있기 때문에 장소 역시 하나의 캐릭터가 되었어요. 벽지 좀 보세요. 정말 멋있지 않나요?

벽지 같은 작은 요소들이 생활감을 보여주네요. 그래서인지 더 자연스럽게 느껴지고요.

저 역시 이 아파트에서 함께 살았기 때문에 더 자연스러워 보이는지도 몰라요. 두 분을 촬영하기 위해 조부모님 댁에 찾아간 거라면 어딘가 인위적인 느낌이 있었을 거예요. 아마 두 분도 저와 함께 살고 있었기 때문에 자연스럽게 행동할 수 있었을 거라고 생각해요. 제 조부모님은 여느 평범한 노인들과 다르지 않아서 사진 찍히는 데 익숙한 분들은 아니니까요.

매일 반복되는 일상이지만 그걸 담아내는 건 쉽지 않았을 텐데 순간을 잘 포착한 것 같아요.

저는 이 작업을 해나가는 동안 단 한 번도 '어떤 순간'을 촬영하기 위해 애쓰지 않았어요. 놀랍게도 모든 사진이 두 분의 연출이거든요. 침대에 누워 있는 것도, 거울을 보는 것도, 배경이 된 공간도, 옷차림까지도요(웃음).

일관된 무표정도요?

네. 모두요. 저는 두 분에게 그 어떤 것도 부탁하지 않았어요.

놀랍네요. 어쩐지 강인한 분들일 것 같아요.

어느 정도는 맞아요. 특히 할머니가 예나 지금이나 힘도 세고 듬직하세요. 올해 92세가 됐는데도 여전히 정정하시죠. 저는 그런 할머니를 어려서부터 존경했어요. 훌륭한 여성이라고 생각했거든요. 그래서 함께 사는 동안이 그 어떤 시절보다 행복했어요. 반면 할아버지는 성격이 좀 특이하고 전체적으로 신비한 분위기를 풍기는 분이셨는데요. 'Roig 26'을 작업하는 동안 할아버지는 조금씩 기억을 잃어갔어요. 이 프로젝트가 끝날 즈음엔 아주 많은 걸 잊어버리셨죠.

두 분에게도 특별한 작업이었을 것 같아요.

사진들을 책으로 만들어서 선물했는데 별다른 피드백은 없었어요. 그래서 어떻게 생각하셨는지는 저도 잘 몰라요. 아마… 슬픈 사진이라고 생각하셨을 것 같아요.

어떤 의미에서요?

이 사진들은 죽음에 닿아 있어요. 죽음에 대한 공포가 손에 잡힐 듯이 담겨 있거든요. 이 시절 할아버지는 곧 부서질 듯한 삶을 살고 있었어요. 질병과 죽음 사이에서 겨우겨우 숨쉬고 있었죠. 저는 할아버지가 극심한 고통으로 세상을 떠나기 직전에 그 집에서 나왔어요. 할아버지의 죽음과 그 죽음을 기다리는 건 정말 힘든 일이었어요.

아름다운 사진이라고만 생각했는데 왠지 숙연해지네요.

아름답게 느껴줘서 고마워요. 'Roig 26'은 저에게는 무엇과도 바꿀 수 없는 소중한 작업이에요. 할머니·할아버지를 촬영하면서 달라진 게 있다면, 품위 있게 늙고 싶다는 생각이 싹텄다는 거예요. 그 생각은 점차 커져서 지금은 인생 최대 미션이 되기도 했죠.

조부모님과 닮고 싶다는 의미인가요?

두 분이 헤어질 때를 생각하면 꼭 그렇다고 할 순 없을 것 같아요. 저는 늙는 게 좀 무서워요. 두 분은 오랫동안 함께했지만 충격적인 모습으로 헤어져야 했어요. 할아버지가 떠나는 모습은 정말이지 불행하고 끔찍했거든요. 아마 말년엔 두 분 다 엄청 힘드셨을 거예요. 지치고 괴로운 상황에서도 할머니는 기운을 잃지 않고 할아버지 곁을 지켰어요. 저는 할아버지가 운이 엄청 좋았다고 생각해요. 할머니 같은 사람이 마지막까지 곁에 있어 주었으니까요.

살바는 죽음을 생각해 본 적이 있나요?

그럼요. 요즘 들어 나이 먹는다는 것에 대해 점점 더 많이 생각하게 돼요. 저에겐 8년 된 파트너가 있는데요. 그녀를 볼 때마다 함께 늙어가고 싶다고, 비로소 그럴 수 있는 사람을 만난 것 같다고 생각하곤 하죠. 태어나서 처음으로 느껴보는 감정이에요.

누군가와 함께 나이 먹는 건 멋진 일 같아요. 노년을 상상하면 어때요?

두렵기도 하고 기대가 되기도 해요. 저는 에너지가 많은 노인이 되고 싶어요. 일흔이 넘어서도 사진 찍을 힘이 남아 있는 노인! 매일 제 인생에 놀라고, 기록하고 싶은 것들을 새롭게 바라보며 셔터를 누르는 사람이면 좋겠어요. 그런 제 곁에 지금 여자친구가 함께이길 바라고요.

밝은 미래를 그리고 있군요. 참, 살바의 SNS에서 한국의 모습을 보았어요. 한국에 와본 적이 있나요?

네. 정말 즐거운 여정이었어요. 일주일 동안 서울을 여행했는데 매일매일 이 도시는 감동적인 곳이라고 생각했어요. 더 많은 세상을 보고 싶다고 생각하게 만들어준 곳이기도 했고요.

서울에서도 노인의 사진을 찍었더군요.

예리하네요(웃음). 왜 노인을 보면 셔터를 누르게 되는 건지, 저도 잘 모르겠어요. '늙음'이라는 게 저를 끌어당기는 것 같아요. 그건 사람뿐만 아니라 장소도 마찬가지예요. 퇴폐적인 공간, 낡은 공간만 봐도 가슴이 두근거리거든요.

살바의 내일이 기대돼요. 앞으로도 단정한 사진들로 많은 사람을 감동시킬 것 같아요.

오래도록 그러고 싶어요. 한국에도 꼭 다시 방문해서 더 많은 것들을 담고 싶고요. 최근에 한국이 코로나19에 대항하는 모습을 보면서 큰 감명을 받았어요. 스페인은 지금… 거의 재앙 수준이에요. 이 재앙에서 벗어나면 다시 한국에 갈게요. 연락할 테니 우리 꼭 만나요.

H. salvalopez.com

살바와 이야기를 나누는 동안 내내 노래를 흥얼거렸다. "두근두근 대는 설렘도 좋지만 누군가와 함께 나이 들어간다면 너흰 누굴 선택하겠니 나는 다른 상상이 안 돼" 누군가와 함께 인생의 끝자락까지 동행하는 건 아름다운 일이다. 다른 말로는 설명하기 어렵다.

뮤지션 김사월

She Say She Doesn't Know Love

천국을 안 믿어서 천국이 사라졌나

그녀와 나눈 대화엔 공백이 가득했다. 긴 침묵과 오래 곱씹는 생각 사이사이 숱한 감정이 모였다 흩어지고 뭉치고 사라졌을 테다. 이 긴긴 침묵에서 뾰족한 답이 나왔느냐 하면, '아니'다. 우린 내내 "모르겠네요."라거나 "그러게요. 어렵네요." 같은 모호한 문장만 반복했다. 당연하다. 사랑은 그런 거니까. 모르겠는 기분으로 대화하던 시간이 전혀 위태롭지 않았다. 그걸로 충분하다.

에디터 이주연 포토그래퍼 김연경

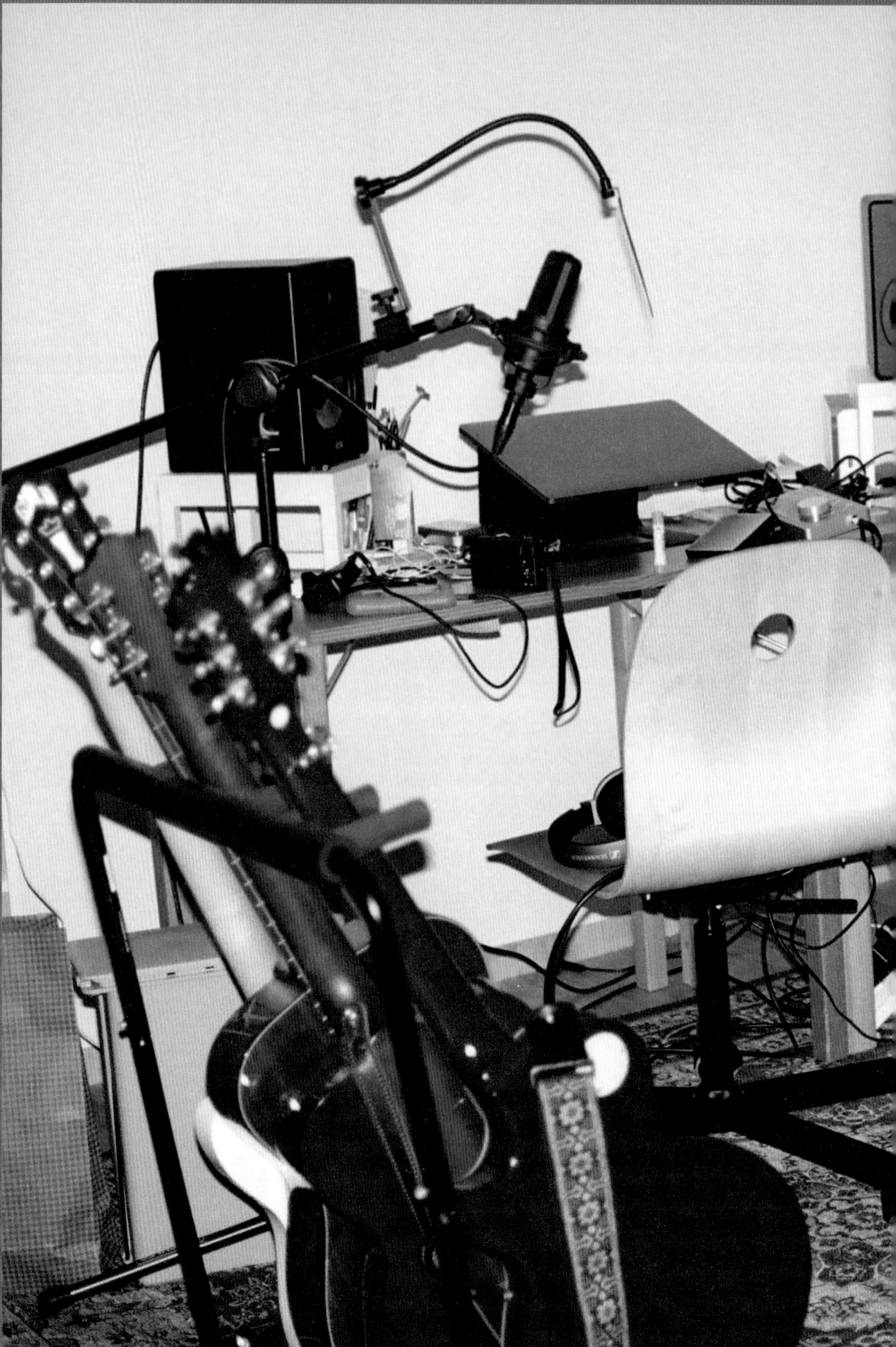

건강히 지내고 있습니다

3집 준비 중이라고 들었어요. 한창 바쁘시죠?

올가을에 정규 3집이 발매될 예정이라 잔뜩 긴장하고 있어요. 작년 말부터 작업했는데 발매를 앞두고 돌아보니 어딘가 죄송한 마음이 들어요.

응? 죄송이요?

작업할 당시에는 세상이 이렇게까지 침체되어 있지 않았어요. 그래서 그땐 제가 할 수 있는 걸 해야겠다는 생각으로 제 안에 있는 우울하고 침침한 감정을 꺼내 작업했거든요. 근데 발매를 앞두고 현실이 점점 막막해져서 이런 어두운 앨범을 내는 데 죄송한 마음이 들더라고요. 일말의 책임감도 생기고 걱정이 앞서기도 하고, 좀 복합적인 마음이에요. 3집 앨범 제목은 [헤븐]인데요. 이 세상이 천국이 아니어서 제목을 이렇게 짓게 됐어요.

앨범을 만드는 데 "완벽보다는 자유를 추구한다."고 말한 적이 있죠. 이번 작업은 자유로운 작업이었나요?

예전에 했던 인터뷰를 다시 보면 내가 이런 말을 했나, 이렇게 시니컬 했나, 싶을 때가 많아요(웃음). 과거의 저에게 "도대체 자유가 뭔데?" 하고 묻고 싶은 심정이네요. 지금 공감할 수 있는 언어로 다시 이야기해보자면, 제가 추구하는 건 자유보다도 '스스로 생각했을 때 후회 없고 싶다.'는 감정인 것 같아요. 최고가 되고 싶다, 완벽해지고 싶다는 욕망보다… 후회를 좀 덜 하고 싶어요. 아마 그런 마음을 그땐 자유라고 이야기한 것 같고요. 당연히 자유롭거나 후회 없이 지내진 못했어요. 그래도 최선은 다하려고 한 것 같아요.

최선을 다하면 후회도 덜하지 않아요?

아니요. '이게 내 최선인가?' 싶어서 또 후회가 돼요. 그래도 나이를 먹다 보니 욕심을 좀 버리고 싶다는 마음이 생겨서 전보다는 후회가 많이 줄었어요. 예전에는 앨범을 낼 때 패기로 똘똘 뭉쳐 있었거든요. 지금은 너무 욕심을 부리면 사람이 우울해진다는 걸 알게 됐어요.

그걸 알아도 욕심은 자꾸 생기는 것 같아요. 지금 사월 씨의 욕심은 뭐예요?

(한참 정적이 흐른다.) 몸과 마음의 건강? 3집을 무사히 발매하고 나면, 예전처럼 활발한 공연은 어렵겠지만 작은 공연에서라도 건강한 모습을 보여드리고 싶어요. 관객들이 '김사월은 건강히 지내고 있었구나.' 하고 느낄 수 있게요.

오늘은 감정에 대해 이야기해 보고 싶어요. 사월 씨는 "외롭고 슬퍼서 음악을 시작했다."고 이야기한 적이 있죠. 외로움과 슬픔에 대해 이야기해 줄래요?

(크게 웃는다.) 저 정말 감당하지 못할 말을 많이 쏟아냈네요. 그때는 분명히 진심이었는데, 세상이 워낙 빠르게 바뀌다 보니 생각도 자꾸 변하는 것 같아요. 음… 맞아요. 외롭고 슬퍼서 음악을 만들었어요. 그런데요, 예전엔 '난 그러고 싶지 않은데 왜 이렇게 외롭지? 왜 자꾸 슬프지? 나아지고 싶어.'라는 마음이었다면, 요즘은 사람이라면 태어난 그 순간부터 외로워진다는 생각을 많이 하게 돼요. 외롭고 슬프다는 생각에 너무 빠져 살고 싶진 않지만… 기쁜 일이 있으면 슬픈 일도 있다는 걸 경험하고 나니 슬픔에 대한 감각이 노래를 만드는 원동력이 되는 건 맞는 거 같아요.

사람들은 슬프거나 우울할 때 일기를 많이 쓴대요. 사월 씨도 그런가요? 음악도 일기랑 비슷하다는 생각이 들어서요.

언젠가 이런 기사를 본 적이 있어요. 사람은 기쁨과 슬픔을 똑같이 겪어도 슬프거나 괴로운 상태가 훨씬 길게 느껴진대요. 같은 양이어도 기쁨보단 슬픔의 시간 축이 훨씬 긴 거죠. 생각해 보면 행복한 건 쉽게 잊어버리게 되고 빨리 지나가는 느낌이에요. 반대로 슬픈 건 아주 오래 가요. 행복한 순간을 믿으며 살아야 하는데 저는 슬픔의 시간 축에 영향을 많이 받고 사는 사람 같아요.

시간이 해결해 준다는 말도 있지만 그 시간이 정말 길잖아요.

그래서 슬픔이 우리에게서 사라지지 않고 늘 붙어 있는 것 같아요. 사람들은 누구나 잘 지내고 싶어 해요. 태어난 이상 행복하게 살고 싶어서 나쁜 감정을 떨칠 돌파구를 찾으며 살아가죠. 하지만 세상은 참 야속해요. 슬픔이나 괴로움은 떨치고 싶어도 쉽게 떨쳐지지 않잖아요. 저는 어떻게든 떨칠 방도를 찾다가 결국에는 음악을 만드는 것 같기도 해요.

그 말을 듣고보니 행복의 시간 축을 늘리고 싶어서 사랑을 찾는 것 같기도 하네요. 사월 씨는 사랑이 뭐라고 생각해요?

어…. 정말 모르겠어요. 이 세상에 사랑은 계속 있었고, 있고, 있을 거고, 우리는 계속 사랑하고 있어요. 근데 요즘은 연인을 만들고, 연애를 하고, 사랑을 하는 게 꼭 필요한가 싶을 때가 있어요. 그런 생각을 하는 이유는… 저도 잘 모르겠어요.

미움을 거두고

책 《사랑하는 미움들》에 "꾸미지 않는 힘을 믿고 싶다."고 썼죠. 꾸미는 것에 대해 생각이 많이 바뀐 것 같아요.

옛날 사진을 보면 '이때 참 예쁘고 좋아 보이는데 나는 왜 나를 싫어했을까?' 싶어요. 저는 오랫동안 긴 머리였는데요. 머리를 자른 뒤에 사람들이 이유를 많이 묻더라고요. 긴 머리가 여성성을 강조하는 일종의 '코르셋' 역할을 한다는 이야기를 접하면서, 제 긴 머리가 여자들이 세상을 사는 데 조금은, 진짜 조금은 안 좋은 영향을 주는 건 아닐까 하는 생각이 들었어요. 그래서 잘랐고요. 그런데 머리를 자르고 나서 '난 이제 해방됐어!' 하는 느낌이 들었느냐고 하면, 아니요. 안 그랬어요. 오히려 다른 고민이 꼬리를 물었어요. 제 생각은 계속 달라지고 있는데요. 지금 하고 있는 생각은 '어떤 모습이건 누구나 차별 받지 않고 살아야 한다.'는 거예요.

옛날엔 나의 어떤 점을 싫어했어요?

자기만족이 부족했어요. 지금보다 훌륭해야 하고, 지금보다 멋져야 하고…. 기준도 없이 계속 더 높은 곳만 바라보며 지냈어요. 생각해보면 '남들이 보는 나'에 기준을 두었기 때문에 더 그랬던 거 같아요.

책에 "쓸모 있는 것이 되려면 욕망 받아야 한다."는 말도 있는데 같은 맥락에서 이야기할 수 있을 것 같아요.

사실 사람들은 제가 생각하는 것만큼 저한테 그렇게까지 신경 쓰지 않거든요. 기준을 '나'에 두고 스스로 예쁘다고 생각하는 걸 하고, 겉모습에 상관없이 나를 더 잘 표현할 수 있는 걸 했다면 그런 생각을 덜 했을지도 몰라요. 남한테 너무 잘 보이고 싶어 했던 것 같… 음, 잠깐만요. 정리가 잘 안 돼서요.

천천히 생각해도 돼요. 쉬운 이야기는 아닐 것 같아요.

….

질문을 좀 바꿔볼까요?

네.

있는 그대로의 나를 사랑하는 건 어려운 일 같아요. 사실 저는 있는 그대로의 내가 뭔지 잘 모르겠어요.

저도 그래요. 그래도 예전보다는 좀더 알게 된 것 같아요.

어떻게요?

강연 같은 데서 '있는 그대로의 나를 사랑하라.' 그런 이야기 많이 하잖아요. 예전엔 이걸 어떻게 받아들여야 하는지 잘 몰랐어요. 저는 이것도, 저것도 부족해 보이는데 이 부족함을 그대로 받아들이라는 뜻인지…. 지금도 어렵게 느껴지지만 조금이나마 알게 된 건, 나를 다른 사람과 비교하지 않는다면 좀더 나를 사랑할 수 있게 된다는 거예요. 사람은 각자 자신만의 인생을 살아가요. 나만의 세상에서 열심히 살아가는 나를 굳이 다

른 세상에 있는 사람들과 비교할 필요는 없는 것 같아요. 비교가 없다면 내가 그렇게까지 못나 보일 것도, 미울 것도 없지 않을까 싶어요. 저는요, 아직도 잠들기 전에 제가 초라해지는 기분을 느낄 때가 종종 있거든요. 그럴 땐 이렇게 생각해요. '내 삶이 얼마나 남았는지도 모르는데 꼭 나를 이렇게 미워해야 하나?' 누구나 살아만 있다면 행복을 찾을 수 있어요. 저는 행복하기 위해서 나를 사랑하고, 나를 사랑하기 위해 남과 비교하지 않으려고 해요. 그렇게 하루하루를 버티는 거죠.

세상은 '남을 사랑하려면 나를 사랑해야 한다.'고 이야기해요. 이 말이 진실이라면 사랑할 자격을 갖추는 건 너무 어려운 일 같아요.

사실 저는 혼자 서 있는 것도 잘 못 하겠는데 어떻게 남하고 같이 서 있는 게 가능하지 싶어요. 그렇지만 지금 자신의 모습이 어떻든 사랑은 할 수 있다고 봐요. 사랑하면서 방법을 찾고 배우는 거 아닌가, 꼭 완벽하게 자신을 사랑하는 사람만 사랑을 시작할 수 있나 싶고요. 세상에 그런 사람이 얼마나 있겠어요. 자신을 사랑하는 두 사람이 만나 서로 사랑하면 좋겠고, 그렇게 배워가면 더 좋겠다는 마음인 거죠.

그럼 결혼은 어떻게 생각해요?

세상이 정해놓은 이상적인 결혼을 기준으로 삼는다면… 저는 잘 못 할 거 같아요. 사실 가끔은 두렵기도 해요. '언제까지 이렇게 혼자 살 수 있을까? 누군가와 사랑해야 하는 건 아닐까?' 그런 생각도 들고요. 그렇지만 혼자서 잘 지내는 것만 해도 제겐 좀 버거워서 지금은 결혼에 대해선 생각하지 않고 지내요.

사실 비혼이거나 결혼을 앞둔 사람이 아니라면 '결혼을 어떻게 생각해요?'라는 질문에 명확한 답을 내릴 수 없을 것 같아요.

사회적인 결혼도 그렇고, 제가 생각하는 결혼도 그렇고 의미가 계속 변하는 것 같아요. 제 주변에도 결혼한 친구들이 있는데 개중에는 인생을 함께 꾸리는 하나의 팀처럼 보이는 부부들이 있어요. 그들을 보면 참 멋지다는 생각이 들죠. 그런 팀워크를 만들기 위해 사람들은 결혼할 사람을 찾는 것 같기도 하고요.

그런 부부를 보면 참 좋은데 어쩐지 먼 나라 얘기 같죠.

그렇죠? 결혼해서 건강하게 지내는 부부를 보는 건 좋지만, 저는 아직 '누군가의 무엇'이 될 자신이 없어요. 구체적인 대상이 없어서일 수도 있겠고요. 지금 저는 자기 자신이라는 역할을 해나가는 것만으로도 빡빡해요. 하루하루 열심히 지내야만 하죠. 여기서 더 많은 역할이 생기면 불안해질 것 같아요. 그러지 않기 위해 결혼을 생각하지 않는 것 같기도 해요.

그럼 지금 가장 잘할 수 있는 역할은 어떤 거예요?

'개인으로서의 나'요. 조금만 욕심 내보자면 '음악가로서의 나'요. 사실은 제일 잘하고 싶은 자아죠.

지금까지 나눈 이야기들은 자기소개를 하면 어느 정도 정리될 것 같아요. 김사월을 소개해 줄래요?

《사랑하는 미움들》을 낼 때 작가 소개를 써야 했는데 그게 좀 어려웠어요. 뮤지션으로서 저를 소개할 땐 앨범 이름이나 경력 같은 걸 쓰거든요. 근데 이건 책이니까 그냥 개인으로서의 저를 소개해보고 싶었어요. "메모를 하고, 노래를 부르고, 커

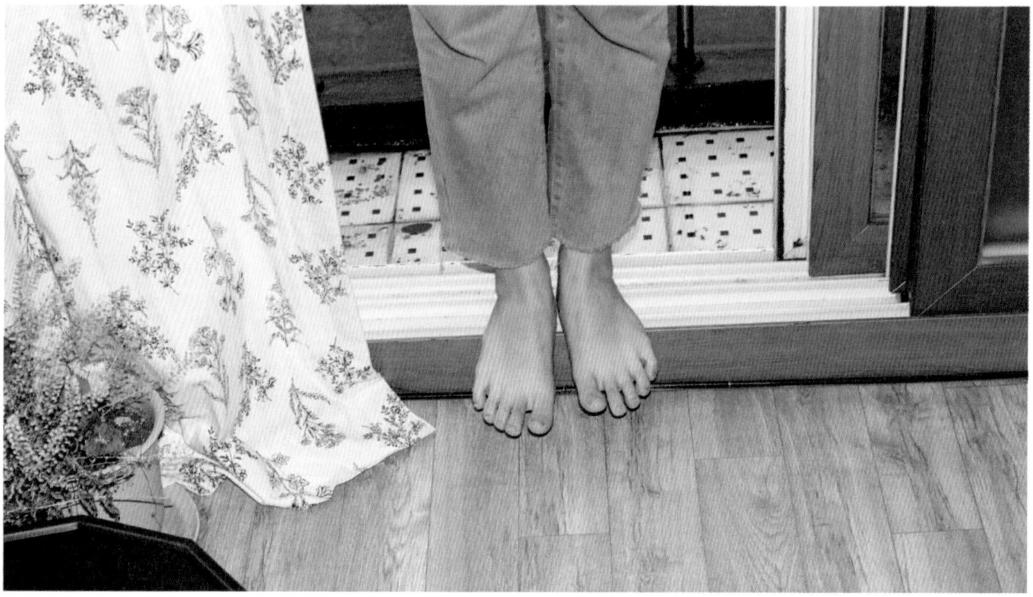

피와 술을 마시고, 늦게까지 깨어 있는 사람."이라고 썼는데, 막상 쓰고 나니 별 거 없지만 마음에 들었어요.

뮤지션으로서의 자아와 작가로서의 자아에 경계를 두고 있군요.

담당 편집자가 책을 쓰자고 제안할 때 이런 말을 했어요. "요즘은 가수도 연기하고 배우도 노래를 부르잖아요. 경계가 허물어 지는 시대인데 가수로 책을 내보는 게 어때요?" 하고요. 그 말을 듣고 나니 완벽하게 쓰지 못해도 노력하고 싶다는 생각이 들더라고요. 작가라는 자아가 생겼다기보다는 해볼 수 있겠다는 마음이 생겼어요.

가벼운 마음이어서 후회도 좀 덜했나요?

아니요(웃음). 지금 보면 좀 쑥쓰러워요. 독자들이 좋게 봐줄 때마다 고맙고 민망하고 기분도 좋고…. 《사랑하는 미움들》

은 음악 하는 제가 있기 때문에 읽힐 수 있는 글 같아요. 제 음악을 아는 분들, 혹은 좋아하는 분들이 읽는다면 더욱 공감해 줄 것 같은 이야기예요. 그걸로 저는 충분하고요.

다음 책을 생각해 본 적도 있어요?

이 책이 나오고 나서 원고 청탁을 몇 번 받았어요. 감사한 일이죠. 그래서 요즘도 가끔 글을 쓰는데요. 반년 정도 이런저런 글을 쓰다 보니 이제야 글 쓰는 게 재미있다는 생각이 들더라고요. 만약 다음이 있다면 이젠 제 문장으로 다른 사람에게 행복을 전해보고 싶어요. 말하고 보니 제 패턴 같기도 하네요. 있는 걸 쥐어짜서 1집을 내고 나니 다음엔 밝게 내야겠다는 생각이 들었거든요. 책도 똑같아요. 만약에 다음이 있다면 좀더 밝고 건강한 에너지를 담고 싶은 마음이에요.

오지은 씨가 추천사에서 "김사월, 이 모순적이고도 솔직한 아가씨야."라고 적었잖아요. 읽으면서 저도 같은 생각을 했어요. 이토록 솔직할 수 있던 비결이 뭐예요?

제가 묻고 싶어요. 어떤 부분이 솔직해 보여요(웃음)?

데이팅 앱으로 사람을 만난 이야기나 여행지에서 낯선 사람과 만난 이야기…?

저는 다들 그렇게 사는 줄 알았는데 많은 사람이 그 부분을 솔직하다고 하더라고요. 그런 얘길 들을 때마다 저만 지저분하게 사는 건가 싶어요(웃음).

기록해서 보여주는 사람과 그렇지 않은 사람이 있는 것 같아요.

책에 좀 세속적인 부분이 있죠. 질퍽질퍽하게 연애 상대를 찾아 다닌다거나 그러다 실패한 이야기라거나…. 이제 그런 기록은 안 하거나 덜하고 싶어요. 3집이 나오기 전이라 그런지 지금 저는 좀 차분하고 다운되어 있는데요(웃음). 사실 엄청 긴장한 상태라 마음을 많이 누르고 있거든요. 지금은 세상에 그렇게 좋을 것도, 싫을 것도, 기쁠 것도, 슬플 것도 없는 상태예요. 이런 상황이라 솔직하다는 말에 더 공감을 못 하는 것 같기도 해요. 모든 게 무미건조해 보여서.

외로움의 관성처럼

최근엔 결혼도 많이 변한 거 같아요. 식을 올리지 않고 혼인신고만 하거나 셀프웨딩을 하거나 동성 결혼식을 하기도 하죠.
저는 사람들이 결혼을 좀더 많이 하면 좋겠어요. 다양한 사람들이 자신만의 방식으로 결혼하는 걸 보고 싶어서요. 전 안 할 거라고 말하면서 이렇게 이야기하다니, 좀 무책임하죠? 하지만 저는 어떤 형태로든 가족이 많아지기를 바라요. 누구나 원하는 방식으로 결혼하고 새로운 가족을 만드는 게 세상을 밝힐 힘이라고 믿거든요.

결혼을 안 할 거라고 계속 강조하는데, 사월 씨는 비혼주의자인가요?
'꼭 비혼으로 살겠다.' 그런 건 아니고요(웃음). 그저 결혼에 대해 생각을 안 할 뿐이죠.

결혼은 전통적인 의미에서 가족을 만드는 방식이잖아요. 먼 미래에 혼자일지도 모를 거란 두려움은 없어요?
두렵죠. 그래서 미래를 위해 돈을 모아 보려고요(웃음). 저는 요즘 비혼 여성의 책이나 SNS에서 많은 위로를 받아요. 최근엔 김하나·황선우 저자의 《여자 둘이 살고 있습니다》를 읽으면서 좋은 에너지를 얻었는데, 성공한 40대 싱글 여성 두 분이 함께 사는 삶을 엿보며 마음이 웅장해지는 느낌이 들었어요. 이렇게 살아도 되는 거구나 싶어졌고요.

두 분 다 너무 멋있죠. 하지만 그런 맘과 동시에 '내가 이만큼 성공한 삶을 살 수 있을까' 싶은 생각도 들어요.
성공한 상태로 혼자 늙어간다면 정말 좋을 거예요. 물론 어려운 일이겠죠. 가끔 '삶이 정말 얼마 안 남았을 땐 결혼해 보고 싶다.'는 상상도 하는데요. 70살 정도에 정말 사랑하는 사람이 생기면… 해보고 싶을 것 같아요.

불행을 각오하게 만드는 사람이겠네요. 어떤 사람일까요?
말장난 같지만, 여생을 같이 보낼 수 있는 사람이요. 70살이면 생이 얼마 안 남았을 때니까 찾을 가능성이 더 커지지 않을까요?

함께할 시간이 얼마 없으면 아쉽지 않겠어요?
사랑에 있어서는 욕심부리지 않고 싶어요. 대신 행복할 수도 없겠죠. 결혼에도 욕심부리지 않는다면 안정적인 생활을 이어갈 수 있지 않을까요? 음…. 그런데 누군가는 희로애락이 있어서 아름다운 게 결혼이라고 말할지도 모르겠어요. 지금 저는 그걸 다 차단하고 안전한 걸 택하자는 건데, 말하고 보니 자기반성이 들기도 하네요.

기대가 크면 실망도 크다잖아요. 아마 결혼에 로망이 클수록 불행을 느낄 확률이 높아지겠죠.
그렇죠? 근데 그런 모험을 하고 싶을 정도로 사랑하는 사람이 생길 수도 있지 않을까요?

사랑은 엄청난 거네요…. 지금 사월 씨에겐 연인과의 사랑보다 더 중요한 사랑이 있을 것 같은데 어때요?
좀 낯부끄러운 말인데, 지금 제게 사랑은 음악이에요.

일을 사랑하는 거 너무 건강한 거 아닌가요(웃음).
최근에는 앨범을 준비하느라 작업도 많이 하고 주로 집에 있으니까 더 그렇게 되는 것 같아요. 예전에는 저를 표현하고 싶고, 제 감정을 이야기하고 싶고, 제가 죽으면 뭐라도 남기를 바랐거든요. 많은 사람이 그걸 봐주면 좋겠다고 생각했어요. 그렇게 제 이야기만 하려고 했는데도 제 음악에 위로를 받는 분들이 있더라고요. 적은 수의 사람이더라도 누군가 제 이야기에 위안받는다는 게 놀랍고 감사했어요. 앞으로도 계속 음악을 할 수 있으면 좋겠어요. 제가 누군가에게 선한 영향을 줄 수 있는 유일한 방법은 음악인 것 같아요. 그래서 음악이 제겐 곧 사랑이에요(웃음).

다음 책 이야기를 할 때도 그렇고, 요즘 누군가에게 사랑이나 좋은 에너지를 주고 싶다는 생각을 많이 하는 것 같아요.
어느 날 유튜브에 올라온 제 공연 영상을 보다가 이런 댓글을 봤어요. "그냥 힘들어서 왔어요." 잘 듣고 있다는 말, 노래가 좋다는 말 전부 고맙지만 힘들 때 제 음악이 도움 된다는 말을 보면 유난히 마음이 가요. 누군가에게 위안 같은 걸 전한 건가 싶어서 저도 힘이 나고요.

사월 씨의 책이나 노래를 접하면서 사랑에 회의적이란 인상을 받았어요. 사냥이나 욕망 같은 단어 때문에 실패한 사랑을 이야기한다는 느낌도 있고요.

그런 가사를 쓴 적도 있죠. "믿지 않았지 언제나 사랑에 실패했으니까" 연애를 많이 해봐야 한다고 생각하는 편은 아닌데, 다양한 사람과 만나보고 싶은 욕구는 늘 있었어요. 그런 욕구 때문에 성숙하지 못한 관계를 경험했던 것 같고요. 그럴 때마다 마음이 조금씩 슬퍼졌어요. 저에게도 사랑에 대한 순수한 마음이 있었거든요. '온전한 사랑으로 누군가와 평생 이어진다면 좋을 텐데.' 하는 환상 같은 것도 있었고요.

언제 사랑에 실패했다고 느꼈어요?

제가 사랑한다고 믿었던 한 사람을 진정으로 다 사랑하지 못한 거 같을 때요. 단순히 이별만이 실패는 아닐 거예요. 그렇다면 만나는 게 성공이어야 하는데 그렇지 않잖아요. 누군가를 완전하게 사랑하는 것에 실패했을 때 마음이 많이 아프더라고요.

사랑에 실패했다는 건 사랑했다는 뜻이기도 하겠네요. 어떨 때 사랑에 빠지곤 해요?

저는 외로움을 많이 타는 편인데 외로움을 핸들링하는 방법을 잘 모르겠어요. 무조건 그런 건 아니지만 '기대고 싶은 사람이 필요한데 주변에 다정한 누군가가 있을 때' 사랑에 빠졌던 것 같아요. 제가 외로움을 좀더 다룰 줄 아는 사람이었다면 사랑에 실패하지 않을 수 있었을까요?

…다정한 사람을 만나서 사랑하면 외로움이 좀 사라지나요?

아닌 것 같아요.

그럼 사랑이 외로움을 없애주는 건 아니네요?

네.

사랑의 반대말이 외로움은 아닌가 봐요.

사랑의 반대말은 무관심이에요.

아….

그래서 외로움을 견디기 위해 연애하면 안 되는 거 같아요. 제가 기대고 싶은 사람이 필요하다고 연애하면 안 됐던 거예요. 그래서 너무 많은 연애에 실패한 거죠.

지나간 연애들이 떠올라서 갑자기 슬퍼지네요. 슬픈 얘기를 좀 더 해볼까요? 책에 "당신을 좋아했던 이유가 전혀 생각이 안 나요."라는 말을 들었다는 에피소드가 있어요.

(크게 웃는다.) 그런 걸 쓰다니 그 사람에게 좀 미안하네요. 그 말을 들었을 때 '난 왜 사랑받지 못 했을까.'라는 생각에 오래도록 잠겨 있었어요. 지금 제가 생각하는 사랑은, 개인으로서 잘 지내는 내가 있고 사랑이라는 색깔이 그 위에 입혀지는 일 같아요. 그래야 누군가를 잘 사랑할 수 있을 것 같고요.

'나를 사랑해야 남을 사랑할 수 있다.'는 말로 다시 돌아가는 것 같네요.

정말 그렇네요.

"운명을 안 믿어서 운명이 사라졌나"라는 노랫말도 썼는데 사월 씨는 운명은 없다고 생각해요?
(천둥이 친다.) 운명 얘길 하려니까 천둥이 치네요(웃음). 저는 운명론자는 아니에요. 근데 우연 같은 운명은 있는 것 같아요. (천둥이 길게 친다.) 와, 정말 무섭네요. 운명에 대해 더 이상 이야기하지 말란 뜻인가(웃음).

"연애는 나를 살게 할 만큼 달콤했고 나를 죽게 할 만큼 매웠다."고 했죠. 그동안 어떤 연애들을 해왔어요?
으, 손발이 다 오그라드는 것 같아요. 다들 건강했으면 좋겠고…. (일동 폭소) 저는 사랑했던 사람, 연애했던 사람들을 지금 그렇게 미워하지도 않고, 그때 일 때문에 슬퍼하지도 않아요. 그러니까 그 사람들도 그랬으면 좋겠어요.

지나간 연애는 왜 이렇게 부끄럽고 잊고 싶은 걸까요?
헤어지는 게 너무 고통스러워서 그런 거 아닐까요? 그것만 아니면 저는 사랑하는 게 너무 좋았어요. 헤어진 것만 빼면… 사랑하는 건 참 좋았던 것 같아요.

저는 헤어지는 것보다 헤어지기 전의 나쁜 예감이 싫어요. 같은 맥락에서 연애보다 연애 전의 설렘이 좋고요.
무슨 말인지 알 것 같아요. 요즘 저는 '앞으로는 연애도 좀 아껴 해야지.'라는 생각도 자주 해요.

아껴서 한다는 게 어떤 의미예요?
너무 쉽게 사랑에 빠지지 않고 싶다는 뜻(웃음)?

조절이 가능해요?
아니요.

그럼 아껴서 하는 것도 불가능하지 않나요?
(정적) …사랑은 정말 모르겠어요.

사랑에 가장 중요한 건 뭐라고 생각해요?
믿음이요. 서로에 대한 믿음, 사랑에 대한 믿음은 당연하고 내가 없을 때의 그 사람에 대해서도 믿음이 필요한 것 같아요. 과거의 그 사람도 그렇고, 지금 그 사람의 사적인 부분에도 믿음이 있어야겠죠. 이 모든 것에 대한 믿음. 그게 있어야 앞으로 사랑할 수 있을 것 같아요.

현 시대에 사람들이 가장 중요하게 생각하는 가치가 노래로 많이 만들어진대요. 그렇다면 지금은 사랑이란 감정이 지배적인 것 같아요.
지금 우리가 살아가는 데는 사랑이 가장 절실하게 필요한 감정 같아요. 부모와의 사랑이든 연인과의 사랑이든 나를 사랑하는 거든, 어쨌든 사랑이 없으면 사는 거 자체가 힘들지 않을까요? 그래서 우린 사랑하는 행위와 함께 사랑 노래를 듣고 부르는 거 같고요.

지금이 유독 사랑이 필요한 시절이라고 생각하나요?
네. 근데 '지금'의 기준이 어디까지인지는 잘 모르겠어요. 아마 옛날에는 신에 대해서, 노동에 대해서 노래했겠죠? 신을 기리는 것보다 중요한 건 없었고, 일하기 위해서는 힘을 냈어야 하니까요. 근데 지금은… (정적) …어쩌면 우리가 노래로 부르는 건 사랑이 아닐지도 몰라요. 작게든 크게든 다르게든 외로움에 대해 이야기하는 게 아닐까 싶기도 해요. '사랑하니까 외롭지 않아서 너무 좋다.'라거나 '사랑을 잃고 나니 너무 외로워.'라는 걸 노래로 만드는 거죠.

사랑과 외로움은 같은 선상에 있는지도 모르겠네요.
저도 쉽게 정리가 잘 안 되는데요. 지금 우리가 사랑 노래를 만드는 건 어쨌든 외롭기 때문인 것 같아요.

결국 첫 질문으로 돌아갔네요. 사월 씨가 외롭고 슬퍼서 노랠 시작했다고 했잖아요.
아…! 그러네요.

괴로워하지 마세요.
주워 담을 수 없는 말을 하고, 후회하고, 외로워하고, 사랑도 하고, 미워하고… 그러면서 노래하는 것 같아요, 저.

책에서 "어떤 사람을 사랑하게 될지 궁금하지 않다."는 말을 하기도 했어요. 그런데도 묻고 싶어요. 앞으로 어떤 사랑을 하게 될 것 같아요?
제 여생을 함께 보낼 수 있는 사랑이요.

Edith Piaf & Marcel Cerdan

김사월이 꼽은 세기의 한쌍

"영화나 책에서 이들의 사랑 이야기를 접할 때마다
'서로를 이렇게 끌어당길 수도 있구나.' 그런 생각이 들어요."

샹송의 왕이라 불리는 프랑스 가수 에디트 피아프. 그녀는 미국 공연 도중 권투 선수 마르셀 세르당을 만나 사랑에 빠진다. 수많은 연애를 하고 47년간 세 번의 결혼을 했던 피아프지만 그녀에게 세르당은 어딘가 좀 달랐다. 그러나 대단히 특별했던 이 둘의 행복도 오래 가지는 못했다. 시합으로 미국에 갔던 세르당은 가능한 빨리 돌아와 달라는 피아프를 위해 배로 귀국하려던 일정을 당겨 비행기를 탔고, 불행히도 이 비행기가 태평양 산봉우리로 추락한 것이다. 세르당이 곁을 떠난 뒤에도 그와의 사랑을 이어가고 싶었던 피아프는 간절한 마음을 담아 노래를 만들었다. 그렇게 탄생한 노래가 '사랑의 찬가Hymne A L'amour'다.

우리 위의 푸른 하늘이 무너져 내리고 땅이 무너진다고 해도
당신이 날 사랑한다면 무슨 상관 있겠어요
아침마다 사랑이 넘쳐흐르고 당신 손길에 내 몸이 떨리는 한 아무런 문제 없어요
내 사랑, 당신이 날 사랑하는 한 난 세상 끝까지라도 가겠어요
머리도 금발로 물들이겠어요 당신이 원한다면
달도 따러 가겠어요 재산도 훔치러 갈 거예요 당신이 원하기만 한다면
고국도 버리고 친구들도 버리겠어요 당신이 원하신다면
사람들이 날 비웃어도 좋아요 난 무엇이든 할 거예요 당신이 원하신다면
어느날 당신을 내게서 앗아간다고 해도 당신이 죽어서 내 곁을 떠난다고 해도
당신이 날 사랑한다면 아무런 문제 없어요 나 역시 죽을 테니까
우리는 영원히 함께 하는 거예요
거대한 하늘 아래서 더이상 문제 없는 하늘 아래서
내 사랑, 우리가 서로 사랑한다는 걸 당신도 믿으시죠
사랑하는 연인들을 신께선 맺어주실 거예요

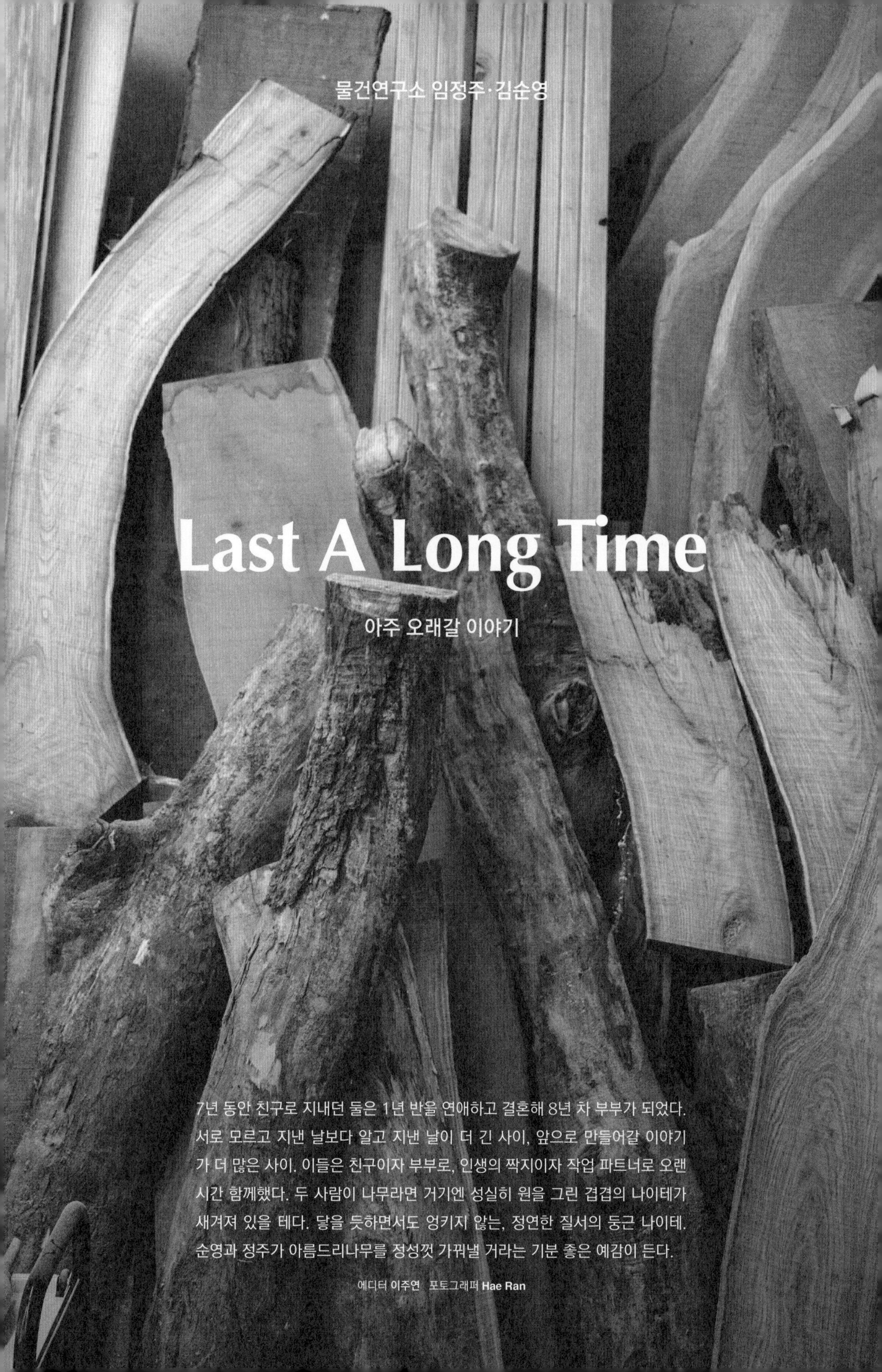

물건연구소 임정주·김순영

Last A Long Time

아주 오래갈 이야기

7년 동안 친구로 지내던 둘은 1년 반을 연애하고 결혼해 8년 차 부부가 되었다. 서로 모르고 지낸 날보다 알고 지낸 날이 더 긴 사이, 앞으로 만들어갈 이야기가 더 많은 사이. 이들은 친구이자 부부로, 인생의 짝지이자 작업 파트너로 오랜 시간 함께했다. 두 사람이 나무라면 거기엔 성실히 원을 그린 겹겹의 나이테가 새겨져 있을 테다. 닿을 듯하면서도 엉키지 않는, 정연한 질서의 둥근 나이테. 순영과 정주가 아름드리나무를 정성껏 가꿔낼 거라는 기분 좋은 예감이 든다.

에디터 이주연 포토그래퍼 **Hae Ran**

대문 너머
또 다른 세계

홍제천에서 오래된 시장을 지나 오르막길을 숨찰 때까지 오르니 오래된 집들이 옹기종기 모여 있다. 똑똑, 인기척을 보내고 나이 먹은 2층 주택의 문을 열고 들어선다. 은은한 조명, 간결한 오브제로 가득한 세상, 바깥과는 사뭇 다른 풍경이 눈앞에 펼쳐진다.

대문 안과 밖이 완전히 다른 분위기예요. 꼭 시공간을 이동한 기분이네요.

순영: 동네가 좀 오래되었죠? 만나서 반가워요.

정주: 이것저것 직접 만든 것들을 들이면서 집 안이 좀 독특한 분위기가 되었어요. 집 이야기가 나온 김에 한 바퀴 둘러보실래요? 1층에는 거실과 부엌, 저희가 작업하는 방이 있어요. 거실은 온전히 쉴 수 있는 무드를 만들기 위해 조도가 낮은 조명만 켜두고 지내죠. 2층으로 올라가면 침실과 화장실이 있는데요. 침실엔 빛이 지나치게 잘 들어서 한낮엔 숨도 못 쉴 정도로 뜨겁게 달아올라요. 그래서 해가 있을 땐 보통 1층에서 지내고 있어요. 옥상에서는 작은 텃밭을 가꾸며 채소를 키우는데, 나름 수확이 잘되어서 가지나 고추 같은 작물로 이것저것 해 먹고 있죠. 보시면 알겠지만 저희 집엔 붙박이장 말곤 가구가 달리 없어요. 기껏해야 책상이나 책장 정도인데 그것도 직접 만든 것들이에요.

그러고 보니 가구보단 소품이 훨씬 많네요.

정주: 파티션이나 조명도 전부 저희가 만들었어요. 주로 전시하고 집으로 가져온 작품들이죠. 저는 컴퓨터로 프로그래밍하는 걸 그리 좋아하지 않아서 대부분 손작업으로 제작하고 있는데요. 올해 상반기는 개인전도 단체전도 많아서 작업에 매진하다 보니 정신없이 바빴어요.

전시는 임정주 본명으로 하던데, 물건연구소 작업과는 어떤 차이가 있나요?

정주: 작가 임정주든 물건연구소든 저희 부부가 함께 하는 작업이에요. 차이가 있다면, 물건연구소는 디자인 스튜디오이고 작가 임정주는 오브제를 만들고 전시하는 역할이죠. 물건연구소가 처음부터 디자인 스튜디오는 아니었어요. 원래 물건을 연구하고 만들어서 판매하는 브랜드였는데, 둘이서 제작부터 공급, 마케팅, 재고, 회계 등을 전부 처리하는 게 쉽진 않더라고요. 그래서 브랜드는 좀 뒤에 두고 지금은 디자인 스튜디오로 클라이언트 업무를 하고 있어요. 2018년부터는 물건연구소보단 작가 생활에 집중하고 있는데요. 전시 작업은 작가 임정주와 디렉터 김순영이 큰 축을 이루어 굴려 나가는 작업이에요.

디렉터는 구체적으로 어떤 일을 하나요?

순영: 저는 처음부터 본격적인 작업 파트너는 아니었어요. 정주 씨가 전시할 때 가장 가까운 사람으로서 한두 마디를 보태는 정도였는데, 그 작업이 자연스럽게 전시 기획이 되면서 디렉터라는 직함이 생기더라고요. 지금은 사소한 것들, 이를테면 케이터링 같은 작업까지 담당하며 작가 임정주와 함께하고 있어요. '디렉터 김순영'으로 명함도 파줘서 이젠 빼도 박도 못하게 됐어요(웃음).

정주: 순영 씨에게 도움받은 부분이 많아서 아예 못을 박아버렸죠(웃음). 순영 씨는 저랑 완전히 다른 프로세스로 사고하는 사람이거든요. 연기하던 사람이라 그런지 전시를 하나의 시퀀스로 파악해서 공간을 연출하더라고요. 순영 씨의 사고방식은 제가 생각해 낼 수 없는 구조라 항상 제 상상보다 탄탄한 전시가 된다는 게 좋았어요.

전시 공간을 시퀀스로 파악한다는 게 어떤 의미인가요?

순영: 전시 기획에 연극적인 요소를 적극적으로 활용해요. 저는 연극영화과를 나오고 10년 동안 연기해 와서 이런 기법들이 익숙하거든요. 배우들은 작품을 준비할 때 연기 동선을 점검하며 대사, 포즈, 표정을 점검하는 시간을 가지는데요. 전시에도 이 과정을 도입해서 제가 관객이라는 배우가 되어보는 거죠. 전시장 입구로 들어섰을 때 가장 먼저 보이는 풍경과 그때 느낀 감정부터 출구에 다다르기까지의 모든 걸 세심하게 확인하는 거예요. 작가는 작품을 만드는 데만 해도 시간이 많이 필요해서 스스로 이 모든 걸 하기가 힘들어요. 전문가가 도울 수도 있겠지만, 정주 씨 생각은 제가 제일 잘 알기 때문에 좋은 시너지가 날 수 있었다고 생각해요.

우정을 넘어서는
우리의 찰나

두 분은 오랫동안 친구로 지내다가 부부의 연을 맺었다고 들었어요.

정주: 어? 어떻게 아셨어요(웃음)? 저희는 7년 동안 친구였어요. 같은 학교의 시각디자인과, 연극영화과에 재학하면서 스키 수업 때 처음 만났죠. 딱 4박 5일 진행되는 수업이었는데 내내 옆자리에 앉으면서 친해진 사이예요. 당시에는 각자 애인이 있어서 순수하게 친구로 가까워졌어요. 아마 군대에서 여자친구 다음으로 전화를 많이 건 사람이 순영 씨였을걸요?

순영: 군대 얘기하니까 갑자기 속이 갑갑해지네요. 그 당시 정주 씨가 얼마나 어리숙했는지, 연애 상담해 주느라 제가 다 바빴거든요. 친구로 지내는 내내 연애 상담사였어요(웃음).

각자 애인이 질투하지 않았어요?

정주: 질투요? 그땐 순영 씨에게 특별한 감정이 없었어서 그런지 질투할 거라고 생각해본 적이 없어요.

순영: 제 남자친구는 싫어했어요. 정주 씨가 군대에서 전화를 정말 많이 했거든요. 전화가 올 때마다 '군대에 있는 거 맞냐'고 묻고, 여자친구도 있다고 하면 "근데 왜 그래?" 하고 묻고(웃음). 통화 내용은 100퍼센트 연애 상담이었는데요. 정주 씨가 나쁜 여자만 만나서 고민거리가 정말 많았거든요.

정주: 근데 이 인터뷰 전 여자친구가 보면 어떡하지?

순영: 결혼했는데 무슨 상관이야? 아니, 왜 이렇게 신경을 쓰지?

빨리 화제를 바꿔야겠어요(웃음). 오랫동안 친구로 지내서 연인이 되는 게 새삼스러웠을 것 같은데 어때요?

순영: 저도 어쩌다 이렇게 됐는지 모르겠어요. 제 이상형은 의지할 수 있는 든든한 사람이었는데 정주 씨는 그런 타입도 아니었거든요(웃음). 친구로만 보이던 사람이 갑자기 다르게 느껴진 시점은… 음, 정주 씨가 유학 가고 한참 못 보다 다시 만난 때 같아요. 잠깐 한국에 들어왔을 때 밥이나 먹자며 만났는데 뭔가 좀 달라 보이더라고요. 항상 '얘를 어쩌니.' 싶게 물렀던 친군데 해외에서 혼자 생활해서 그런지 어딘가 단단해진 느낌이 들었죠. 처음으로 듬직하다고 느끼면서도 좀 생소해서 '어라?' 싶던 기억이 나요.

정주: 그래서 사랑에는 타이밍이 중요한 것 같아요. 저도 그즈음 순영 씨가 친구 이상으로 느껴졌거든요. 저는 순영 씨랑 친구로 지내는 동안 가까이 지내면서도 대화하는 게 너무 어색했어요. 연기하는 친구여서 그런지 꾸민 듯한 발성이나 목소리 톤, 지나치게 바른 발음이 부자연스럽게 느껴졌거든요. 근데 유학 때문에 오래 못 보다 만난 순영 씨에겐 그 느낌이 싹 빠지고 없더라고요. 연기를 계속해야 하나 말아야 하나 고민하던 시점이어서 더 그랬을 텐데, 제 눈엔 그 모습이 진실돼 보이고 좋았어요.

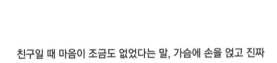

친구일 때 마음이 조금도 없었다는 말, 가슴에 손을 얹고 진짜 예요(웃음)?

정주: 정말이에요. 미대를 다니다 보니 주변에 여자 친구가 많아서 순영 씨가 유일한 이성 친구도 아니었고…. 물론 다른 친구들보다 편하고 가깝긴 했지만요.

순영: 나도 절대 없었거든! 심지어 정주 씨는 저를 재수 없다고 생각하기도 했대요(웃음). 그땐 지금이랑 스타일이 달라서 화장도 진하고 타이트한 옷에 하이힐까지, 좀 화려하게 하고 다녔거든요. 서로가 선호하는 이성상과는 거리가 멀었죠.

이렇게까지 손사래 칠 줄이야(웃음). 가까운 친구에게 대시하는 게 쉽지 않았을 거 같아요.

순영: 누가 먼저 사귀자고 했는지는 아직도 의견이 분분해요. 합의점을 못 찾았죠. 일단은 함께 여행 갔을 때가 기점이 된 거 같아요. 유학 중간에 귀국한 정주 씨랑 제주도에 가게 됐거든요. 저는 서로 미묘한 감정이 생겼기 때문에 단둘이 1박 여행을 간다고 생각했는데, 남녀 둘이 여행하면서 아무 일도 없길래 혼자 착각했다고 생각했어요.

정주: 제가 제주도에서 밥도 안 먹고 내내 잠만 잤거든요(웃음). 하필 밤을 꼴딱 새우고 여행을 간 거라 너무 피곤했어요. 숙소에 도착하자마자 너한테 뭘 어쩌려는 게 아니라 정말 피곤하다고, 눈 좀 붙이자고 순영 씨에게 사정했을 정도로요. 하지만 전 그때 이미 사귀고 있다고 생각했는데….

결혼도 연애처럼 자연스럽게 하게 됐나요?

순영: 그렇긴 한데, 어떤 부분에선 좀 극적이에요. 저는 정주 씨랑 연애할 때까지만 해도 독신주의자였어요. 어릴 때 부모님이 이혼하셔서 일찌감치 결혼에 대한 로망을 버렸거든요. 어린 저에겐 가족이 따로 산다는 게 상당히 충격적인 일이었죠.

그런데 어떻게 결혼할 맘을 먹게 됐어요?

순영: 정주 씨가 유학할 때 영국에서 3개월 정도 같이 지내게 됐어요. 그때 문득, 아무 사건도 계기도 없이 '이 정도면 같이 살아도 되겠다.'는 생각이 들더라고요.

정주: 순영 씨랑 영국에서 지낼 때 테이트모던이나 미술관 같은 델 자주 갔어요. 디자인을 공부하다 보니 저는 그런 데 관심이 많았죠. 하지만 순영 씨는 평생 연기만 해온 사람이라 생소했을 텐데 저랑 함께 시간을 보내면서 조금씩 물들어가는 게 보였어요. 나중엔 제가 학교에 가면 혼자서도 미술관에 가서 본 작품을 또 보면서 시간을 보내더라고요. 서로 영향받고

변하는 걸 가까이서 지켜보다 보니 이 사람이랑 결혼하고 싶다는 생각이 들었어요. 그렇지만 순영 씨가 독신주의자인 걸 알아서 굳이 이야길 꺼내진 않았죠. 그래서 같이 살자는 말을 들었을 땐 많이 놀랐어요.

운명이라는 게 진짜 있나 봐요.

순영: 운명이라고 하면 처음 보는 순간 마음이 확 끌릴 거 같지 않아요? 저희는 7년이나 친구였다 보니 '네가 내 짝인가…아닌가….' 하면서 갸웃거렸어요(웃음).

그래서 더 운명 같은걸요(웃음). 결혼 준비는 어땠어요?

정주: 아…. 진짜, 진짜 힘들었어요. 결혼은 집안과 집안의 만남이라고들 하는데 해보니까 정말 그랬어요. 처음에는 예물, 예단도 생략하고 집도 함께 마련하기로 했는데 두 집 안의 기준이 점점 달라지더라고요. 저희 집은 부모님이 모두 사업가인데 순영 씨네는 저희 부모님보다 나이가 많은 장모님이 계셔서 주변 사람들의 성격도, 연령대도, 시각도 달랐어요. 주변에서 이런저런 말들이 보태지다 보니 양쪽 기준에 차이가 점점 더 커질 수밖에 없었어요.

순영: 게다가 종교적인 문제도 있었죠. 정주 씨네는 불교, 저희 집은 기독교였거든요. 스님들과 권사님들의 시각도 많이 다르더라고요.

정주: 복합적인 문제들이 부풀면서 양쪽 집안의 눈높이는 나날이 달라졌어요. 아무리 그래도 저희가 중심을 잘 잡으면 이렇게까지 힘들진 않았을 텐데 이리저리 휘둘리는 통에 제정신이 아니었죠. 부모님께 화낼 일도 많았고, 솔직히 다 포기하고 싶은 순간도 있었어요. 하루에 한 번씩은 부둥켜안고 오열한 것 같아요.

결혼하고 나서는 좀 괜찮아졌어요?

정주: 지금은 안정되었지만 결혼하고도 계속 힘들었어요. 결혼하고 얼마 동안은 부모님이 주신 집에 살아서 어쩔 수 없이 간섭을 많이 받아야 했어요. '본가에 일주일에 한 번씩 와야 한다.', '할머니께 하루에 한 번씩 전화해야 한다.'…. 그러다 집안 사정으로 결혼 3년 차에 독립하게 됐는데요. 경제적인 부분 때문에 힘들고 고민도 많았지만 이상하게 마음이 편하더라고요.

순영: 비록 월셋집이지만 저희가 원하는 집을 구하고 온전히 둘이서만 집 안을 꾸몄어요. 그 과정에서 심적으로 안정되는 게 느껴졌죠. 그러면서 부모님들과 거리감도 생겼고요. 간섭이 사라지면서 저희 두 사람은 물론이고 부모님들과도 애틋해졌어요. 이전에 비해 상황은 나빠졌지만 오히려 관계는 끈끈해졌달까요. 이사하는 날 친한 친구가 '너희 이제 진짜 독립하는 거야. 축하해.'라는 말을 해주었는데, 아직도 그 말이 잊히질 않아요.

부모님과의 관계는 회복되었고요?

정주: 네. 하지만 예전과는 분명히 달라졌어요. 결혼을 해보니까, 결혼 전과 후에 부모님과의 관계가 달라지는 게 맞는다는 생각이 들어요. 결혼했다면 이제 '내 가정'은 본가 식구들이 아니라 부부가 이룬 새 가족이어야 해요. 저희 경우에는 독립하면서 자연스럽게 관계가 변할 수 있던 거 같아요. 주체적으로 가지고 올 수 있는 부분이 많아졌거든요.

평생을 함께한 부모님이어서 새롭게 관계 맺는 게 쉽지는 않았을 것 같아요.

정주: 저는 결혼을 앞둔 주변 사람들에게 '착한 자녀는 되지 말라.'는 이야기를 종종 하는데요. 부모님께 나쁘게 굴라는 뜻이 아니에요. 심지 없이 착하기만 하면 오히려 상황이 악화되기 때문에 무작정 착하기만 한 태도를 지양하라는 거죠. 결혼했다면 이젠 부부만의 기준을 세워야 해요. 그리고 흔들리지 않아야 하죠. 물론 처음 맞는 국면이기 때문에 부모님과 마찰이 생길 수도 있을 거예요. 착한 자녀라면 이럴 때 '맞춰드려야 하지 않을까?' 하고 흔들리게 될 텐데요. 휘청대지 않고 부모님이 새로운 관계에 익숙해질 수 있도록 만드는 게 중요한 것 같아요. 그래야 더 단단한 가족이 될 수 있거든요. 저희는 그걸 좀 늦게 깨닫고 실행한 거죠. 사실 제가 좀… 착한 아들이었거든요(웃음).

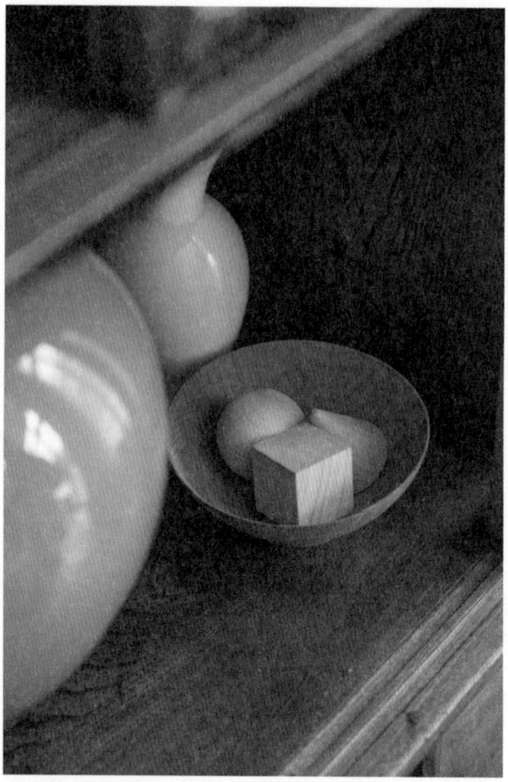

나란히 맞물리는 톱니바퀴처럼

순영 씨는 오랫동안 해온 연기를 그만두고 새로운 일을 시작한 셈인데 혹시… 결혼 때문이었나요?

순영: 전혀 아니에요(웃음). 저희 어머니는 일찍부터 '자기에게 집중하는 삶을 살라'고 제게 가르쳐 주셨어요. 그래서 지금껏 제 모든 기준은 '김순영'이었죠. 연기도 마찬가지였어요. 이 분야는 자기 자신을 어필하는 데 집중해야 해요. 그래서 일이 없으면 저에게 하자가 있다고 생각하곤 했는데 지금 생각해 보면 올바른 방법으로 사고하지 못한 것 같아요. 그 당시에 저는 물론이고 가족이 상처를 많이 받았어요. 그게 좀 힘들더라고요. 마지막 작업이 작년 11월에 개봉했는데 그것도 개봉 1년 전에 촬영한 거였으니 연기에서 손을 놓은 지 2년 가까이 되었네요. 언제든 하고 싶으면 또 할 수 있을 거라 생각하지만 지금은 아름다운 기억으로 남기고 싶다는 마음이 커요.

정주: 우리나라에는 여자 연기자가 설 수 있는 자리가 많지 않아요. 드라마, 영화, 연극, 뮤지컬 모두 포함해서 그렇죠. 생각해 보면 주인공은 남자 배우인 경우가 훨씬 많잖아요. 특히 30대 여성은 더욱 설 자리가 없는 것 같아요. 많은 작품이 20대 젊은 여성이나 아예 나이가 많은 여성을 원하는 것 같거든요. 순영 씨는 나중에라도 다시 연기하고 싶은 마음이 있는 거 같은데, 지금 당장은 흥미 있는 일들을 함께 해나가는 중이에요.

새로운 역할이 힘들진 않아요?

순영: 저랑 가장 가까운 사람의 작업을 더 잘 보여주기 위한 일이라 책임감도 생기고, 새로운 도전이어서 아직은 재밌어요. 관객에게 보여줄 이야깃거리를 만들어내는 것도 흥미롭고요.

작업에는 어떤 이야기를 담고 있나요?

순영: 이야기 소재는 생각지도 못한 데서 튀어나와요. 지나가다 우연히 본 미물, 갑자기 맞닥뜨린 관념, 아주 사소한 질문…. 그래서 하고자 하는 이야기도 그때그때 다르죠.

정주: 순영 씨랑 함께 살게 되면서 연애할 땐 모르던 것들이 하나둘 보이기 시작했어요. 이를테면 순영 씨가 유난히 접시를 자주 떨어뜨린다는 거? 한번은 이유를 물었더니 손에 접시가 잘 안 잡힌다는 거예요. 그 말을 듣고 보니 사람 손마다 잘 맞는 형태의 접시가 따로 있을지도 모르겠다는 생각이 들더라고요. 그래서 50명의 사람 손을 받아 50개의 접시를 디자인하는 프로젝트를 하게 됐어요. 그게 바로 저희 첫 작업인 '라디우스 프롬 유어 핸드Radius From Your Hand'죠. 어린아이, 셰프, 작가, 주부, 부모님, 할머니… 다양한 사람 손에 맞는 접시를 만들어서 전시했는데, 손 모양에 따라 형태가 제각각이란 게 흥미로웠어요. 힘들면서도 뿌듯한 작업이었죠.

부부의 일상이 영감이 되다니, 이상적인걸요?

순영: 찬물을 끼얹는 것 같지만 그렇게 아름답지만은 않아요(웃음). 일을 같이 하다 보니 작은 일로도 싸울 때가 있거든요. 지금은 좀 나아졌지만 결혼 초엔 싸움도 참 시끄럽게 했어요. 불꽃 튀게 싸우고 울며불며 화해하곤 했죠. 그러다 결혼 5년 차부터는 서로의 상태를 이해하려고 노력하게 된 거 같아요. 그저 '화가 난 상태'를 아는 것만으로도 감정적으로 해결되는 게 있거든요. 24시간 붙어서 일하는 사이니까 일에 지장 받지 않기 위해서라도 존중하려고 애써요. 싸웠다고 일을 안 할 수는 없으니까요(웃음).

정주: 저는 언젠가부터 싸울 거 같으면 손을 잡아요. 티브이에서 본 방법인데, 손잡고 얘기 나누다 보면 격한 감정이 좀 누그러들거든요. 사실 저흰 성격이 많이 다른 편이에요. 감정을 표현하는 것부터가 그렇죠. 표현에 능숙한 순영 씨랑은 반대로 저는 화도, 눈물도, 기쁨도 표현을 잘 못 해요. 지금은 많이 바뀌었지만 여전히 순영 씨한테 "오빠, 지금 되게 스트레스받고 있어. 숨 좀 돌려." 같은 얘길 들어요. 근데 전 순영 씨가 말해줄 때까지 제가 스트레스를 받는지, 화가 났는지 잘 모르겠어요.

본인도 못 느끼는 걸 어떻게 알아차리는 거예요?

순영: 제 눈엔 명확하게 보여요. 식습관도 변하고 장 트러블도 잦아지고 말투도 달라져요. 눈치를 못 채는 정주 씨가 신기할 정도죠. 평소엔 제가 뭘 부탁하면 "응, 그래!" 하는데, 스트레스받은 날엔 사각형처럼 덜컥덜컥 넘어가는 게 느껴져요. 해소하지 않고 내버려 두면 안 될 것 같아서 알려주기 시작했어요. 저는 감정을 공부한 사람이어서 작은 감정들이 눈에 더 잘 보이는지도 모르겠어요. 어? 잠깐만….

네?

순영: 오요가 방귀를 꿰었나 봐요. 냄새가 너무…. 아우!

네(웃음)? 이야기 나온 김에 오요 소개도 들어볼까요?

정주: 얘는 손님 왔는데 웬 방귀를(웃음)…. 오요는 저희랑 함께 사는 네 살배기 까만 푸들이에요. 풀네임은 '야어여오요'인데 줄여서 오요라고 불러요.

순영: 오요는 저희에게 식구나 다름없는 강아지예요. 실은 제가 불임이어서 처음엔 아기를 입양하려고 했거든요. 근데 생각보다 조건이 많고 까다롭더라고요. 당연히 까다로워야 할

일이지만 그 당시엔 생각보다 장벽이 높다는 생각이 들었어요. 그렇게 느끼는 것 자체가 아직 입양에 충분한 준비가 안된 것 같다는 의미 같아서 보류하게 됐죠.

정주: 그래도 식구를 늘리고 싶은 마음이 있어서 유기견 분양을 알아보려고 했어요. 그러다 우연히 애견숍에서 제대로 관리받지 못하는 강아지를 보게 됐는데 그게 오요였어요. 사람들이 작고 귀여운 아이들만 데려가려고 하니까 상대적으로 큰 강아지는 사료를 줄이면서까지 관리받고 있더라고요. 산책도 제때 시키지 않아서 케이지를 열어줘도 걷는 방법을 몰라 다리가 막 꺾이고…. 그 모습을 보고 두고 올 순 없었어요. 데려올 때가 4개월이었는데 벌써 네 살이 돼서는 다리도 이렇게 길어지고 몸집도 훨씬 커졌어요.

(오요가 계단에 있는 소품을 건드리지 않고 조심조심 올라간다.) 오요 진짜 영리하네요!

정주: 영리한 게 아니라 겁쟁이라 그래요. 덩치에 맞지 않게 겁이 진짜 많아요. 저 작은 물건들은 주로 순영 씨가 만든 건데, 매일 보는데도 무서워서 좀처럼 못 건드리더라고요(웃음).

저 소품들도 직접 만드신 거예요? 이 집엔 두 분의 손을 거치지 않은 물건이 없네요.

순영: 간식을 내어드린 이 나무 그릇들도 다 제가 만든 거예요. 저는 주로 작은 물건들을 만드는데, 만드는 과정을 참 좋아해

요. 긴 시간 나무 하나를 반복적으로 깎고 있으면 아무 생각도 안 들거든요. 멍 때리면서 나무가 깎이는 걸 보고 있는 거죠.

물건을 직접 만드는 특별한 이유가 있어요?

순영: '필요한 물건이 있는데 마음에 드는 디자인이 없다.'는 이유가 가장 크지만, 그것말고도 이유는 많아요. 아이디어가 떠올라서 만든 것도 있고, 판매하려고 만든 것도 있고, 판매하려다 B급이 되어 집으로 가져온 것도 있고…. 손작업은 조금만 터치를 바꿔도 형태가 달라지기 때문에 물건의 결과물을 쉽게 예측할 수 없어요. 그릇으로 만들었는데 화분이 되는 엉뚱한 일도 생기고요.

정주: 나무라는 재료 자체도 변화가 많은 소재예요. 특히 환

경에 영향을 많이 받아서 사용하는 사람을 닮아가는 재료죠. 나무가 시간에 따라 변해가는 걸 '에이징 된다'고 하는데, 꼼꼼하게 관리된 나무 제품들은 좋은 컨디션 그대로 에이징 돼요. 그런데 수분에 노출되거나 열을 받거나… 관리가 제대로 안 되면 곰팡이가 슬기도 하고 틀어짐이 생기기도 하죠. 나무야말로 사용자를 닮아가는 재료라고 생각해요.

변한다는 특성 때문에 제작이 좀 까다로울 것 같아요.

정주: 오히려 그래서 더 좋아해요. 저는 제품 디자인을 공부한 사람이어서 사용자가 어떻게 쓰느냐를 연구하는 건 당연한 데다가 모든 작업에서 습관적으로 하는 생각이거든요. 컵을 예로 들면, 같은 컵이라고 해도 사람 입 모양에 따라 닿는 느낌이나 모양이 달라지니까 보통 어떻게 입을 대고 또 어떻게 마시는지 연구해야 해요. 의자를 만들더라도 기울기를 얼마로 해야 사람들에게 편할지, 흔들림은 있는 게 나을지 없는 게 좋을지… 아주 작은 지점까지 고려하게 되죠.

사람마다 다른 거라면 객관적인 기준을 마련하기가 힘들지 않나요?

정주: 그 기준은 100퍼센트 저희예요. 저희가 만드는 물건은 사람들에게 보급해서 생활을 편리하게 하자는 것보다도 우리 생각을 공유하자는 데 목적을 두고 있거든요.

순영: 그래서 그 기준이 더 높기도 해요. 저희가 만든 물건이 곧 저희 취향이니 제 눈에 '아, 구려!' 싶은 건 남들에게 보여주고 싶지 않은 거죠.

지금까지 선보인 작업이 전부 두 분의 취향인 셈이네요.

순영: 얘기하다 보니 그렇네요. 정주 씨 작업에는 일관적인 덩어리감이 있는데, 저는 그걸 '날씬한 돼지' 같다고 이야기해요. 똥똥한 느낌이 있지만 둔해 보이진 않는다는 점에서요. 그런 느낌은 오브제의 각에서 나타나기도 하고 전체적인 형태에서 풍겨 나오기도 해요. 정주 씨랑 묘하게 닮아 보이기도 하고(웃음)….

손작업에도 기술이 필요할 것 같아요. 주로 어떤 방식으로 물건을 만드나요?

정주: 보통 목선반이라는 기술을 활용해요. 영어로는 우드터닝Woodturning이라고 하는데요. 나무 작업할 때 주로 사용하는 기술인데, 가로축을 기준으로 둥글게 돌아가는 나무를 칼로 깎아서 모양을 만드는 방식이에요. 목선반은 둘이 같이 배우러 다녀서 더 재밌었죠.

어떻게 함께 배우게 됐어요?

정주: 만들고 싶은 형태의 조명이 있었는데 그 외형을 만들기 위해선 컴퓨터로 프로그래밍하거나 목선반을 활용해야 했거든요. 순영 씨에게 목선반이라는 걸 좀 배워보고 싶다고 했더니 "나도 배울래!" 그러는 거예요. 순영 씨는 호기심이 진짜 많아요(웃음).

같이 뭔가를 배우는 경험은 어땠어요?

정주: 둘 다 처음 접하는 기술이어서 무엇보다 출발선이 동등하다는 게 좋았어요. 실력에 차이가 없다 보니까 서로의 작업을 보는 것도 재미있었고요. 같은 기술을 배운 건데도 손놀림에 따라 곡선의 형태나 비례가 달라지는 게 흥미롭더라고요. 목선반을 하는 데 유일한 차이가 있다면 제가 힘이 더 세서 큰 나무를 수월하게 깎을 수 있다는 것뿐이었어요. 나란히, 동등한 상태에서 뭔가를 할 수 있어서 개인으로서도 부부로서도 즐거웠죠.

이쯤 되니 손작업을 고집하는 이유가 궁금해지네요. 손작업처럼 보이게 하는 컴퓨터 기술도 생기고 있잖아요.

정주: 손작업처럼 보이게 하더라도 그건 결국 컴퓨터의 정교한 작업일 뿐이에요. 컴퓨터 프로그래밍은 깔끔하게 정돈된 오브제를 만들기에 좋은 방식이에요. 하지만 작업자의 특성이 디테일하게 담긴다는 점에서 손작업이 저에겐 훨씬 매력적이죠. 1밀리미터의 미세한 차이로도 곡선의 느낌이 달라지는 작업이거든요. 한 작업자가 같은 물건을 두 개 만들어도 똑같이 재현할 수 없다는 건 참 신비로워요. 그래서 작업할 때마다 더 신중해지는 것도 좋고요. 제가 초기에 만든 물건 중에 뚜껑과 컵이 딱 맞물리게 작업 된 뚜껑컵이 있는데요. 신기할 정도로 꼭 맞아서 아끼는 작업인데 아무리 다시 해봐도 그것만큼 잘 맞는 컵은 만들어지질 않더라고요.

순영: 요즘은 많은 물건이 쉽게 만들어지고 쉽게 소진되는 것 같아요. 언제 어디서나 구할 수 있으니까 막 사용하게 되는 것도 같고요. 그래서 손작업의 아날로그 한 특성에 더 마음이 가는데, 이건 비단 저희만의 생각은 아닌 것 같아요.

특별한 에피소드가 있었나요?

순영: 물건연구소 초창기 때 젓가락 만드는 워크숍을 몇 번 했는데요. 나무젓가락 한 세트는 2천 원 돈이면 쉽게 사는데 5만 원이나 내고 워크숍을 들으러 오시는 분들이 있었어요. 젓가락 한 짝을 만드는 데 3시간 이상이 걸려도 직접 만드는 기쁨을 알아 열심이셨죠.

정주: 젓가락 한 짝을 만드는 데 사포 작업을 다섯 단계나 거쳐요. 성격이 급한 분들은 금방 포기하고 단계를 거듭할수록 대충 하게 되죠. 그런 점에서도 손작업은 만드는 사람의 특성이 담기는 작업이에요. 긴 시간을 거쳐 물건을 완성하고 나면 결과물이 근사하든 그렇지 않든 예쁨 받는데, 그런 걸 보는 것도 좋더라고요.

물건을 직접 만드는 경험이 특별해서 더 소중하게 느끼는 건 아닐까요?

정주: 물론 그런 이유도 있을 거예요. 하지만 저희는 매일 물건을 기획하고 만드는데도 모든 물건이 소중하거든요. 개중에서 특히 더 예뻐하게 되는 물건도 있고요. 식기를 예로 들자면, 아마 누구나 유난히 자주 사용하게 되는 젓가락이 하나 정돈 있을 거예요. 직접 만들어서 그럴 수도 있고, 그 젓가락에 얽힌 에피소드 때문일 수도 있겠죠. 혹은 손과 형태감이 잘 맞아서, 입에 닿는 감촉이 좋아서일 수도 있을 테고요. 이처럼 사용자들이 느끼는 바를 연구하는 것 또한 저희 일인데, 감정적인 부분을 연구하는 게 순영 씨라면 형태나 기능적인 면을 고려하는 게 저일 거예요.

나무만 해도 종류가 다양해서 공부할 게 많을 것 같아요.

정주: 그럼요. 저희는 도전하는 걸 좋아해서 많은 나무를 사용해 봤는데 여전히 다뤄보지 못한 나무가 수두룩해요. 근데 우리나라에선 나무를 배우는 게 그리 쉽지만은 않아요. 똑같은 나무를 다뤄도 모든 걸 기록으로 남기는 일본과는 달리, 우리나라는 대부분 '감'으로 기억해서 기술이나 지식을 전수받기가 쉽지 않거든요. 어쩌다 나무로 작업하는 장인을 만나도 모든 게 눈대중이라 정확하게 배워오는 게 어려워요. 나무를 어느 정도 크기로 잘라야 하느냐고 물으면 "(검지와 엄지로 간격을 만들며) 이 정도?" 하신다고요(웃음).

순영: 나무 종류도 그래요. 우리나라에선 나무와 관련된 학과에서도 다양한 나무를 다룰 수 있는 환경이 조성되어 있지 않다고 알고 있어요. 하지만 저희는 다양한 나무로 작업하고 싶어서 국산목과 해외목 가리지 않고 이것저것 도전하며 지내고 있어요. 한번은 먹감나무라고 쉽게 잘 썩는 나무 하나를 구해다가 톱질한 적이 있는데요. 가르자마자 바퀴벌레가 우수수 쏟아지는 거예요. 으, 그땐 한동안 바퀴벌레와의 전쟁이었어요. 얼마 전엔 사과나무를 갈랐는데 개미가 떼를 지어 나오더라고요. 작업실엔 아직도 처치 못 한 개미 떼가 많아요.

저도 나무 보고 싶어요!

정주: 작업실 가보실래요?

함께 나이테를 만들어가는 일

우리는 함께 작업실로 향했다. 작업실에 도착하기 직전, 오요가 낑낑거리기 시작했다. 늘 이 골목에서 낑낑댄다는 오요. 작업실에 다 온 걸 알아서 우는 걸까, 드라이브를 견딜 수 있는 시간이 이만큼이어서 우는 걸까? 나무 냄새가 가득한 작업실 문을 열자 기다렸다는 듯 오요가 가장 먼저 뛰어 들어간다.

진짜 작업실까지 오게 됐네요(웃음). 개미들이 언제 튀어나올지 몰라 조심스러워요.

순영: 개미도 그렇지만 오늘 계속 비가 오다 말다 해서 작업실 상태가 걱정스러웠어요. 물이 새는 데가 있어서 물이 찬 적도 있거든요. 혹시나 했는데 오늘은 무사하네요.

물이 차면 나무들은 어떡해요?

순영: 큰일 나죠(웃음). 습기 찬 나무로 작업하면 작업 이후에 문제가 생기거든요. 이미 습기에 길든 나무를 습기가 없는 데로 옮기면 눈에 띌 정도로 심한 변화가 생겨요. 뒤틀리거나 갈라지거나…. 그래서 나무는 관리가 중요해요. 오늘 상태가 좋지 않으면 내일 작업해야 하고, 내일도 좋지 않으면 모레로 미뤄야 하죠. 이런 특성이 저희가 따로 휴일을 두지 않고 일하는 이유이기도 하고요.

불규칙한 루틴으로 지내다가 쉬는 날이 생기면 해방된 느낌이겠어요.

정주: 집에서도 오일 마감이니 사포질이니 작은 작업을 하느라 그럴 날이 잘 없지만, 어쩌다 하루를 온전히 쉬면 너무 편하고 좋아요. 저희는 물건을 만드는 것만큼 수집하는 것도 좋아해서 쉴 때도 이 물건, 저 물건 찾아다니는 편이에요. 옛날에는 여행지에서 잡다한 물건을 사 오는 게 취미였는데 요샌 여행이 어려우니 동묘 같은 델 자주 가죠. 요즘은 동묘에 젊은 사람들도 많이 오고 눈속임하는 장사꾼도 많아져서 분위기가 좀 달라졌지만, 일요일 아침 7시에 가면 희귀한 물건을 제법 만날 수 있어요. 구경하다가 괜히 마음 가는 물건들을 하나둘 사 오곤 하는데 모아놓고 보면 기준도 없고 대중도 없어요(웃음). 아, 수집품은 그쪽에 있는 서랍들에 들어 있는데요. 한 칸씩 열어보세요. 잡동사니가 줄지어 있을 거예요.

정말 다양한 것들이 있네요. 작업은 주로 나무로 하는데 수집하는 물건은 거의 철물 쪽인 거 같아요.

순영: 작업실에 이미 차고 넘치는 게 나문데 거기에 수집품까지 나무면 좀 징그럽잖아요(웃음).

정주: 철물 특유의 아날로그 한 구조를 좋아해서 더 눈길이 가는 것 같아요. 철물은 아무리 봐도 그저 철물이거든요. 손잡이를 예로 들자면, 그건 그냥 손잡이예요. 나사로 고정하는 거 말곤 덧대야 할 게 하나도 없죠. 이런 명료한 특징이 좋아서 여행지에선 꼭 철물점에 들르곤 했어요. 나라마다 다른 기준을 한눈에 볼 수 있는 곳이거든요.

그 기준에 대해 좀더 들어보고 싶어요.

정주: 예를 들면 색상이요. 우리나라 철물점은 모든 게 백색이고 일본은 아이보리예요. 집을 기본값으로 돌릴 때 기준이 되는 색상인데, 철물점엔 기본 색상으로 된 모든 게 다 있어요. 스위치 커버, 콘센트, 심지어 전기 테이프까지 그 나라의 기본 색상으로 만날 수 있죠. 작년엔 일본 대형 철물점에서 마음에 드는 똑딱이 스위치를 사 왔고 덴마크나 런던에서도 철물을 수집해 왔어요. 가장 그 나라다운 것, 스탠더드를 가지고 오는 것 같아서 그냥 지나칠 수가 없더라고요.

한 나라의 기준이 철물점에 있다니, 흥미롭네요. 물건을 수집하는 기준 같은 게 있나요?

정주: 옛날엔 제 취향껏 수집한다고 생각했는데 긴 시간 모아 놓고 보니 저한테 딱히 취향이랄 게 없는 것 같아요. 종류만 해도 철물, 황동, 광물, 호박… 그냥 마음 가는 것들을 사요. 경계도 없고 기준도 없죠. 천 원, 2천 원 하는 것부터 가끔은 고가의 물건을 사기도 하고요.

순영: 잡다한 물건도 좋아하지만 유명 작가의 작업 중에 저희 깜냥으로 구입할 수 있는 걸 찾아보는 것도 좋아해요. 작년에 런던에서 사 온 오스트리아 작가 칼 오벅Carl Aubock의 오프너나 이사무 노구치Isamu Noguchi의 조명, 데이비드 멜러David Mellor의 차이니즈 커틀릿 라인 같은 게 그렇죠.

전부 오래도록 함께할 물건들 같아요.

정주: 맞아요. 물건을 만들 때도 가장 중점적으로 생각하는 게 '30-40년은 사용할 수 있는 물건'이거든요. 저희가 구입하는 물건들도 그래요. 큰맘 먹고 구입한 애플의 빈티지 스피커나 앙드레 소르네Andre Sornay가 만든 장 같은 물건은 당연히 그렇고, 2만 원짜리 라탄 테이블도 오래 사용한다는 걸 염두에 두고 골랐죠.

순영: 하다못해 전시 때 사용한 나뭇가지도 오래갈 수 있는 건 집으로 가지고 와서 소품으로 활용해요. 간혹 투 머치해질 때가 있는데 그럴 때 정주 씨가 한 번씩 정리해서 버리고요(웃음).

시간이 지난 뒤엔 두 분의 공간이 온통 취향으로 가득할 것 같아요.

정주: 저희 꿈은 취향껏 만든 물건들로 공간을 채우다가 나중엔 집까지 스스로 짓는 거예요. 예전에는 자연과 가까이 지낼 수 있는 시골에 집을 짓고 싶었어요. 근데 살다 보니 저희는 도시가 아니면 안 되는 사람들이더라고요. 둘 다 1시간 반 이상 이동하는 걸 힘들어하는데, 전시나 미팅은 주로 도심에서 하다 보니 이동이 일이 되면 안 될 것 같거든요. 나중엔 산과 가까운 도심에 자리를 구하고 우리가 원하는 집을 만들고 싶어요. 1층에는 좋아하는 가구와 주방을 둘 거예요. 순영 씨가 요리하는 걸 좋아하니까 넓은 주방, 그리고 손님을 대접할 만한 공간도 만들어서 사람들도 많이 초대하려고요. 2층에는 침실과 옷방, 욕실을 두고 그 위엔 옥상을 마련할 생각이에요. 지금도 작은 텃밭을 가꾸고 있지만 그보다 풍성한 텃밭에서 이것저것 더 많은 걸 키워보고 싶거든요.

순영: 무엇보다 형편에 맞게, 버겁지 않은 선에서 완성하고 싶어요.

그 집에서 두 분은 어떤 시간을 꾸려가고 있을까요?

정주: 어떻게 해야겠다는 생각보다 하지 말아야 할 것들이 먼저 떠오르네요. 우린 비즈니스 관계가 아니니까 서로의 역할을 무 자르듯 자르고 싶진 않아요. 이를테면 "나 빨래했는데 넌 왜 설거지 안 해?" 같은 말은 실수로라도 하지 않으려고요.

어떤 대화든 명령이 아니라 부탁하면서 지내고 싶어요. 부부 사이에 가장 중요한 것 중 하나가 존중이라고 생각하니까요.

순영: 결혼하고 시간이 흐를수록 인간 객체로서의 김순영이 사라지는 게 저에겐 늘 아쉬운 점이었어요. 결혼하면 남편이나 가정이 본인보다 더 큰 존재가 되기 쉽거든요. 아이 낳은 친구들을 보면 아이가 삶의 중심이 되기도 하는데, 저는 계속 매력적인 하나의 개인 '김순영'으로 남고 싶어요. 스스로 저를 멋진 사람이라고 생각할 수 있어야 좋은 배우자가 될 것 같아서요. 김순영과 임정주가 개인으로서도 매력적이어야 둘의 이야기도 매력적일 것 같아요.

그런 매력적인 커플을 알고 있나요?

정주: 요즘 티브이를 자주 보는데 이효리랑 이상순 부부가 참 멋져 보여요. 배우고 싶은 사람들이죠. 각자 영역에서 서로를 존중하되 둘이 함께 있을 때 시너지가 생기는 부부 같아요. 서로의 삶을 존중하고 각자의 삶도 보장받는 건강한 관계, 그런 사람들이어서 대중의 시선도 받을 수 있는 게 아닐까 싶어요. 자신에 대한 잣대가 철저하고 명확한 그들을 보면서 우리도 개인으로서의 중심을 잘 잡으며 우리만의 이야기를 꾸려가야겠다고 생각하곤 해요.

타인의 사랑 이야기는 왜 이렇게 재밌을까요(웃음)? 대화를 끝내기가 아쉽네요. 마지막으로 '이 사람과 함께하길 잘했다.' 싶은 순간을 이야기하면서 마무리할까요?

순영: 정주 씨 춤출 때요.

정주: 야! 너(웃음)!

순영: 제 취향을 저격하는 춤이거든요. 저희는 개그 코드가 참 잘 맞아요. 정주 씨가 춤춰줄 때마다 그렇게 행복할 수가 없어요.

정주: 빨리 화제를 돌리자면(웃음), 제 목표 중 하나가 하루에 한 번은 순영 씨를 웃게 해주자는 거예요. 춤을 추게 된 것도 사실… 순영 씨가 웃어서거든요.

"오래오래 행복하게 살았답니다." 어린 시절 보던 동화책은 늘 이렇게 끝이 났다. 흥미진진한 이야기를 순식간에 시시하게 만들어버리는 일률적인 결말. 순영과 정주를 만나니 이 싱거운 결말의 의미를 어렴풋이 알 것도 같다. 오랜 행복에 이르기까지 얼마나 많은 일을 겪어야 하는지, 아마 그땐 어려서 몰랐던 게 아닐까. 그러니 이 대화는 이렇게 끝내 마땅하다. "순영과 정주와 오요는 오래오래 행복하게 살았답니다."

페르마타 최혜진 · 윤권진

At The Fermata

멈추고 머무르고 떠나가는 삶의 정거장에서

부부는 마흔 언저리에 집을 지었다. 서울 중심지에서 1시간 반 남짓 떨어진 시골. 밭 하나, 비닐하우스 한 채가 있고 계곡이 흐르던 300평 농지. 언젠가 작은 농막 하나 짓고 유유자적하기를 꿈꿨지만 생각보다 빨리 현실이 되었다. 계곡 물을 흙으로 덮고 돌을 쌓아 담을 만들었다. 마당 한 면에 아내가 좋아하는 수국을 빼곡히 심었고 폐컨테이너에 고재를 붙여 남편의 오두막도 만들었다. 부부가 만든 브랜드 '페르마타'의 의미처럼 느리고 한가하게 손을 더하느라 3년째 미완성인 집. 어쩌면 둘은 이곳을 끝내 미완으로 남겨둘지 모르겠다. 푸르른 세계에서 기쁨과 위로를 주고받다가도 때가 되면 훌쩍 떠나고 싶으니. 그러니까 지금의 정류장에서 그저 오늘 하루를 잘 보내면 될 일이다.

에디터 김현지 포토그래퍼 Hae Ran

어제와 오늘,
내일이 다른 하루

Still Life

형태 목조주택

거주 3년

나이 3년

초대해 주셔서 감사해요. 문을 여니 잠시 다른 세상으로 들어온 거 같아요. 집을 좀 둘러봐도 될까요?
혜진: 멀리서 오신다고 수고하셨어요. 대문을 거쳐 집 안으로 들어오면 보이는 이곳이 거실 겸 주방이에요. 친구들이 놀러오면 거의 이 테이블에 앉아 이야기를 나눠요. 통로를 지나면 제가 동물들과 뒹구는 휴식공간이 있어요. 이 집을 오픈하우스처럼 구성할 기회가 올까 봐 거실과 분리를 해뒀죠. 2층은 씻고 잠자는 실주거 공간이고 밖에는 마당과 오두막이 있어요.

와, 푸르른 나무와 꽃이 둘러싼 오두막이라니. 누구나 마음속으로 뚝딱 지을 수 있는 나무집 하나를 품고 살잖아요.
권진: 저희도 오두막을 만드는 게 꿈이었어요. 본채를 짓고 1년쯤 뒤 폐컨테이너를 알아보다가 소개를 받아 싸게 샀어요. 고재를 붙여 만들었어요. 컨테이너를 고를 때는 창문을 중요하게 봤어요. 여기가 앞뒤로 창문이 있어 개방감이 좋잖아

요. 이곳에서 저는 목공 작업을 주로 해요. 남은 나무로 불을 지펴 고구마도 구워 먹고 종종 라면도 끓여 먹어요.

바삐 움직이며 환영해 주는 강아지 두 마리가 있네요. 초록 눈의 고양이도 보이고요. 이 집에 사는 이들을 소개해 주실래요?
권진: 저는 패션 브랜드이자 편집샵 '페르마타'에서 패턴을 만드는 윤권진이고, 최혜진의 남편이에요. 취미로 스쿠버다이빙 강사를 하고 킨츠기라고 깨진 유리 도자기 붙이는 일을 좋아해요. 가구나 소품 등 손으로 만드는 걸 즐기고요.
혜진: 페르마타에서 디자인을 하는 최혜진이에요. 같이 사는 러시안블루 고양이는 미유예요. 처음 페르마타를 시작할 때 저희에게 왔어요. 스트레스가 많을 때였는데 집에 와 미유를 보면 피로가 풀렸어요. 저희 부부의 첫 가족이에요. 그다음 우리에게 온 강아지는 유기견 몽구였는데 얼마 전 아파서 갑작스럽게 하늘나라로 갔어요. 검은색 강아지는 일레븐이에요. 근처 세븐일레븐 앞에 떠돌길래 유심히 봤는데 주인을 못 찾아서 저희가 키우게 되었어요. 그래서 이름이 일레븐이지요. 곁에 있는 올리브는 청주 유기견 센터에 있던 친구인데 저희가 데려오면서 함께 지내고 있어요.

일터가 서울에 있잖아요. 어떻게 여기서 살게 된 거예요?
혜진: 한남동 페르마타 매장이 원래 저희가 살던 가정집이었어요. 겉모습은 평범한 다세대 주택이었지만 내부가 정말 아름다웠어요. 재개발이 들어간다고 해서 저희가 그 공간을 고쳐 쇼룸으로 써보기로 했어요. 이전 페르마타 매장이 좁은 편이어서 큰 공간이 필요했거든요. 그때 이 땅을 알게 되면서 타이밍이 잘 맞았어요. 일터가 서울에 있어 결단을 못 내렸지만 예전부터 마음 한편에는 시골에 내려와 살고 싶은 마음이 있었어요. 근데 이렇게 빨리 꿈이 이루어질 줄 몰랐어요.
권진: 알고 지낸 분이 전원생활을 오래 하셨는데 이사 갈 땅을 알아보신다고 하셔서 같이 다녔어요. 마땅한 땅이 나타나서 선생님이 먼저 이곳에 오시고 저희가 1년 뒤에 와서 이웃으로 살아요.

여기는 원래 비어 있는 땅이었어요?
권진: 밭 하나와 비닐하우스 하나가 있고 옆에 계곡이 흐르고

Bisque

있었어요. 남향이고 주변이 선산에 둘러싸여 있었죠. 난개발될 수 없는 땅인데다 프라이빗하게 딱 두 채만 들어갈 수 있는 구조라서 조용하게 지내기 좋겠더라고요. 5-10미터 푹 파인 계곡을 덤프트럭 가득 흙을 가져와 메우고 땅을 만들었어요. 농지는 분할된 택지가 아니다 보니 직접 지역을 만들어야 해요.
혜진: 처음 땅을 보러 왔을 때 기운이 다른 곳을 볼 때와 달랐어요. 저는 직감을 믿거든요. 좋은 기운이 느껴져서 여기가 내 보금자리가 되면 좋겠다 싶었어요.

어떤 집을 짓고 싶었어요?
혜진: 저희는 외국에 출장을 가도 일만 끝나면 시골로 가요. 전원생활을 동경했어요. 그런데 시골 생활 하시는 분들에게 물어보니 우리나라의 전원생활이 다 비슷비슷하더라고요. 마당에 조금의 여유도 없이 농사를 짓거나 텃밭을 가꾸죠. 그걸 보며 틀에 박힌 전원생활을 할 거면 그냥 서울에 살고 탈피해서 내 마음대로 쉴 수 있다면 시골 생활을 해야지 생각했어요. 프랑스에 갔을 때 파리 주변에 오래된 고성을 사서 전원생활을 하는 친한 디자이너의 집에 방문한 적이 있어요. "잡초를 왜 힘들게 일일이 뽑아? 밀어버리면 되지." 무리하지 않고 심플하게 생각하더라고요. 파리에서 일하다가 주말에 시골로 내려와 지낸대요. 도시를 떠나 쉬고 즐기는 게 시골생활의 모토지, 집안일을 하는 게 목표가 아니라고 했어요. 지금 저희 집보다 더 넓고 내추럴한데도 여유 있는 모습을 보고 우리도 자연과 함께 쉴 수 있는 집을 만들어보자 용기를 냈어요.
권진: 처음 땅을 만들 때부터 동네 분들이 조언을 많이 해주셨어요. 푸르른 잔디를 심고 있으면 "이렇게 하면 잡초 뽑다가 너희 죽는다." 하시고, 잔디와 잡초가 같이 크는 걸 보시곤 "제초제를 써야 한다."고 하시고. 근데 그러긴 싫더라고요. 지금도 앞마당이 다 잡초예요. 뭐가 정답인지 아직 모르겠어요. 하지만 우리가 24시간 집만 위해 살 수는 없거든요. 포기할 건 포기하고 살다가 불편한 게 생기면 그때 바꾸면 되니까요. 개선해 나가는 것도 재미있잖아요.

집을 짓기까지 얼마나 걸렸어요?
권진: 목조주택이라 건물을 올리는 건 3개월 만에 했어요. 근데 땅을 가꾸는 게 보통 일이 아니더라고요. 덩그러니 집을 지어놓고 꽃을 심고 나무를 심고, 주변을 하나하나 더하는 시간이 꽤 걸렸어요. 사람 시켜서 하는 건 늘 어려워서 정말 어려운 부분만 기술자분에게 부탁해요. 우리 손으로 꾸역꾸역하다 보니 아직도 미완성이에요.

그래서 더 주인과 닮은 집 같아요.
혜진: 그렇게 봐주셔서 감사해요. 사실 더 내추럴한 공간을 원했어요. 저는 입체적인 구조를 좋아하는데 건축가분이 심플한 스타일을 선호하셔서 곡선 형태로는 안 된다는 얘길 많이 들었어요. 예산도 자꾸 올라갔고요. 가장 우려한 건 건축가 마음도 제 마음도 아닌, 이도 저도 아닌 집이 나올까 하는 점이었어요. 믿고 맡기든 내 의지대로 밀고 나가든 해야하는데 그 간극을 좁히는 게 힘들었어요. 다음에 집을 지으면 더 잘할 수 있을 거 같다가 그 고생을 또 해야 하나, 고개가 저어지기도 해요.

이 아름다운 집에 아직 이름이 없다니 아쉬워요. 우리는 집과 사람의 이야기를 듣고 집에 이름을 붙이려 여기에 왔거든요 (웃음). 어떤 이름을 붙여주면 좋을까요?
혜진: 음… '스틸 라이프Still Life'가 어떨까요? 이 단어에는 두 가지 의미가 있잖아요. '여전히 삶은 계속 흐른다'와 '정물. 감정이 있거나 정이 깃들어 있다.' 여기에 살면서 집은 정물화처럼 멈춰있지만 여전히 우리의 삶은 계속 흐른다는 걸 느껴요. 함축적인 이름이 마음에 들어요.

스틸 라이프에서 보내는 일과가 궁금해요.
권진: 주중엔 서울에 머물고 일주일 중 2-3일은 여기서 지내요. 3년을 왕복 출퇴근을 하다가 일이 많아지면서 두 달 전 페르마타와 가까운 곳에 조그마한 방을 얻었거든요. 아직은 3일 이상 머물기 힘들지만 3일을 지낸다면 하루는 집안일을 하고 나머지 이틀은 쉬려고 해요. 여기선 아침 6시쯤 눈이 떠져요. 빛이 워낙 좋거든요. 낮에는 마당 일을 하고 밥 먹고 좀 쉬다가 어두어둑해지면 2층에서 영화를 보거나 책을 읽고 킨츠기를

해요. 2층에 거실과 침실, 제 작업 공간이 있어요.
혜진: 한남동 주택에 살 땐 아침에 힘이 없고 밤에 일이 잘되는 올빼미 성향인 줄 알았는데 아니었어요. 새소리를 들으며 기쁘게 일어나요. 거실에서 밥을 먹고 대화를 나누는 시간 외에는 각자의 시간을 보내요. 저희는 성격과 관심사가 달라요. 영화 고르는 취향도 다르거든요. 저는 1층 소파에서 동물들과 뒹굴며 쉬거나 강아지들과 산책을 하며 휴식해요. 집을 지을 때는 공간을 나눌 생각이 없었는데 부부 14년 차가 되니까 자연스럽게 그렇게 되었어요. 각자 채워지지 않으면 함께여도 채워지지 않는 거 같아요. 내가 행복해야 상대도 행복하게 해줄 수 있으니까요.

시간과 계절의 변화를 느끼며 사니까 어때요?
권진: 자연이 주는 게 이렇게 큰 줄 몰랐어요. 일 기계처럼 눈뜨면 일하고 해 지면 자고, 계절의 변화를 잘 몰랐거든요. 벚꽃이 필 때, 여름 피서철, 가을, 추운 겨울. 큰 덩어리의 차이만 알았는데 이제는 세밀한 계절의 변화를 알아채서 마당을 둘러볼 때도 시간이 꽤 걸려요. 예사로 보이는 게 없어요. 계절이 너무 빨리 흘러가는 거 같아요.
혜진: 자연은 거짓말하지 않아요. 작년에는 블루베리가 하나도 안 열렸는데 올해는 너무 많이 열렸어요. 제가 정성을 쏟고 원하는 걸 해주면 그대로 보상해 줘요. 그러니 과정이 헛되지 않죠. 처음에는 잡초랑 구분을 못 해서 뽑아야 하나 말아야 하나 인터넷에 검색해 보곤 했는데 어느덧 꽃 이름도 많이 알게 되었네요. 길 가다가 누가 “이 꽃 이름이 뭐예요?” 물으면 대답이 술술 나와요. 좋아하니까 자연스럽게 습득이 되더라고요. 어제와 오늘이 다르고, 내일도 다를 거라는 기대를 안고 살아요.

이곳에 살기 전 거쳐 온 공간들도 궁금해요.
혜진: 광주에서 지내다가 대학을 졸업하고 서울의 회사에 취업해서 친척 집에서 지냈어요. 불편해서 조그마한 오피스텔을 얻었는데 잠만 자는 공간이라 만족스럽지 못했어요. 그 돌파구로 결혼을 선택한 건지도 몰라요. 혼자 좁은 집에 살 때보다 조금 나은 곳에서 살 수 있을 거라는 희망이 있었어요. 저희 부부의 첫 집은 시댁 근처 아파트였어요. 페르마타를 시작하고 샘플 선생님과 가깝게 지내려고 신사동 빌라로 들어갔어요. 이동하는 시간을 놓치고 싶지 않을 만큼 열정적이었거든요. 샘플실 바로 위에 살다가 한남동 주택으로 옮겼어요. 나름 일과 생활 공간을 분리한다고 했는데 한 공간에 있다 보니 24시간 일에서 벗어날 수가 없었어요.
권진: 한남동 주택에 마당이 있었어요. 마당을 경험하면서 지금의 삶을 꿈꾸게 되었죠. 아파트 살다가 바로 전원생활로 삶의 단계를 뛰어넘기는 쉽지 않았을 거 같아요.

아파트요? 지금의 자연스러운 생활을 보면 아파트에서의 삶이 상상되지 않아요. 주택 생활은 어땠어요?
혜진: 어린 시절부터 아파트에만 살아온걸요. 균일화된 구조인지도 인식하지 못했어요. 주택 마당에서 빨래를 하고 수건을 탈탈 터는 기분이 참 좋았어요. 첫 봄에 수국을 심었을 때도 기억에 남아요. 친구가 회사를 쉬고 놀러 와서 함께 ‘벚꽃 엔딩’ 노래를 들으며 즐겁게 심었어요. 행복한 기억이 영화 장면처럼 남아 있어요.
권진: 이웃들과 교류하는 게 재미있었어요. 슈퍼 아주머니와 매일 안부를 묻고, 아래층에 사는 분과는 비밀번호도 텄어요. 퇴근하면 우리집으로 와 같이 맥주를 마시고 안방에서도 함께 지냈으니 가족 같았죠(웃음).

둘이라서
할 수 있는 일

두 분이 만든 의류 브랜드 페르마타는 이탈리아어로 '정류장', '천천히 느리게'라는 뜻이에요. 페르마타의 옷과 꼭 닮은 집을 보니 자연스럽고 편안한 삶을 지향하는 듯해요.

혜진: 맞아요. 하고 싶은 걸 하며 나답게 살고 싶어요. 어릴 때 삶의 모토가 하루살이였어요. 오늘을 위해 모든 에너지를 쏟고 어디든 묶이지 않고 자유롭게 떠도는 삶을 좋아해요. 호기심이 많아서 낯선 곳에 갈 때 가장 나다운 모습을 발견하거든요. 새로운 곳에 가면 나의 낯선 모습을 발견하고 과거의 모습도 만나게 돼요. 제가 가장 두려운 건 삶에 너무 지쳐서 호기심이 없어져 버릴까 하는 거예요. 궁금한 게 없어지면 저도 사라질 거 같아서, 너무 애쓰며 살지 않으려고 노력해요.

권진: 저는 결혼하기 전까지 미래를 위해 현재를 희생하자는 마음으로 살아왔어요. 혜진이를 만나고 생각이 바뀌었어요. 그렇게 살다가 늙으면 뭘 할 수 있을까, 살아 있기는 할까? 삶은 변수가 너무 많잖아요. 전에는 새로운 기계를 접해보는 것만 좋아했다면 이제는 시작하는 일에 겁을 안 내는 사람이 되었어요. 삶 전체에서 좋아하는 일을 하고 내 쓸모를 찾아가며 지금처럼 살고 싶어요.

두 분의 첫 만남, 기억나세요?

권진: 친동생이 소개를 해줬어요. 동생 여자친구가 혜진이의 사촌이었어요.

혜진: 서울 갓 올라와서 회사에 다니며 바쁘게 살 때였어요. 사촌이 스시를 사준다고 해서 갔는데 그 자리에 남편이 있었어요. 사실 그때 남편 모습은 기억이 안 나요. 스시만 먹다 왔나 봐요(웃음). 남편 동생과 제 사촌은 저희 둘을 만나게 해주려고 계획하고 그 자리에 저를 부른 거더라고요.

권진: 셋이야. 나까지.

혜진: 그래(웃음)? 오빠도 함께 계획한 거였어? 나만 몰랐네.

계획은 잘 진행되었어요(웃음)?

권진: 다음에 또 보려고 만남을 만들었죠.

혜진: 그때 전 남자친구가 군대 가고 헤어져서 슬퍼할 때라(웃음).

자연스럽게 결혼으로 흘러간 거예요?

권진: 2년 정도 사귀고 제가 좀 밀어붙였어요. 대기업에 다니고 있었는데 학자금 나올 때 빨리 아이 낳고 대학에 보내는 전형적인 가장의 삶을 살아야 한다고 생각했어요.

혜진: 스물일곱에 결혼했어요. 저희 부모님은 딸을 늦게 결혼시키고 싶으셔서 왜 이렇게 일찍 하느냐, 하고 싶은 거 다 하고 해도 된다고 하셨는데 시댁에서 서둘렀어요. 아버님이 곧 퇴직한다고 어서 결혼하라고 하셨는데 아직까지 회사를 다니세요(웃음).

어린 나이였지만 결혼은 인생의 중요한 과제잖아요. '이 사람과 결혼해야겠다' 마음먹은 일이 있었어요?

권진: 저는 틀에 박힌 삶을 살았고 전형적인 성장기를 거쳤는데 혜진이의 자유로운 면이 좋았어요. 서로 잘 맞는다 안 맞는다는 생각도 못 해봤어요. 너무 좋아하니까 좋은 면만 보고 그 모습에 끌려서 결혼을 하고 싶었어요.

혜진: 저희 세대에는 어떻게 살아야겠다는 생각보다는 좋으니까 결혼을 했어요. 사랑하는 사람과 같이 사는 것. 그게 결혼이었어요. 서울에서 혼자 지내다 보니까 누군가가 곁에 있어주면 힘이 되겠다, 부모님이 가정을 이루고 사는 모습을 봐왔으니 저렇게 하면 되지 않을까, 했어요. 함께 잘 살아갈 거라는 믿음도 있었고요.

권진 대표님은 다른 일을 하다가 결혼 후 이직한 거예요?

권진: 네. 연구원이었을 때는 열심히 살았지만 내 삶이 만족스럽진 않았어요. 새벽에 출근하고 늦게 끝나는 게 싫었거든요. 이 일은 안 하고 싶은데 뭘 할지 정해둔 건 없었어요. 지금도 고마운 게 혜진이가 고민도 안 하고 하기 싫으면 그만두라고 했어요. 정 하고 싶은 게 없으면 홍대에서 같이 와플을 팔자는 거예요. 그렇게 생각하니 마음이 너무 편하더라고요. '그래. 싫어하는 일 힘들게 할 필요 있나. 다른 일 하면 되지.' 정말 큰 용기를 얻고 퇴사를 했죠.

혜진: 그때 와플에 빠져 있었거든요(웃음). 제가 그런 성격이에요. 평생 해야 하는 일인데 하기 싫은 일을 어떻게 해요?

페르마타도 좋아서 시작한 일이겠네요.

혜진: 의류 브랜드 디자이너로 일하고 있었는데 근무 여건이 열악했어요. 옷을 좋아하니까 계속 일은 했는데 상하 관계도 엄격하고 업무 강도가 높아서 언젠간 자유롭게 일하며 살고 싶다는 생각이 있었어요. 그즈음 정부에서 지원하는 파리 기성복 박람회의 디자이너로 발탁이 되었어요. FW, SS 두 시즌

을 한국에서 준비한 뒤 페르마타라는 이름을 걸고 외국에 나가 제 옷을 좋아하는 바이어들을 만났어요. 그곳에서 정말 많은 걸 배웠어요. 국적도 나이도 다르지만 패션이라는 공통된 꿈을 가진 여러 디자이너들을 알게 되었거든요. 삶의 태도와 취향이 비슷한 우리는 자석처럼 끌려 서로 관심을 가지고 응원해 주었어요. 호기심이 많은 제가 옷뿐만 아니라 공간, 라이프 스타일에 관심을 갖게 된 계기가 되었죠. 옷은 단순히 입는 행위가 아니라고 생각해요. 옷 뒤에 가려진 우리에 대해 많은 걸 말해주는 이미지예요. 그게 이어져서 페르마타를 표현하는 저만의 공간도 꿈꾸게 되었어요.

혼자 페르마타를 꾸려가다 권진 대표님이 합류한 거예요?

혜진: 맞아요. 처음 한 두해는 혼자 준비하고 출장도 다니다가 너무 힘들어서 남편에게 도움을 요청했어요. 남편은 체계적이고 분석적인 이면에 예술적인 성향이 있거든요. 저는 특정 부분만 섬세한 편인데 남편은 전체적인 면에서 까다롭고 예민해요. 구조화하고 만드는 거 좋아하니까 패턴사를 하면 잘 맞을 거 같아서 제안했어요. 제가 잘 아는 패턴 실장님에게 부탁해 사제로 일을 배웠고 이후에 페르마타로 들어와 함께 일하고 있어요.

권진: 패턴을 만드는 일이 일종의 도면 작업이에요. 수학을 좋아해서 수치로 옷을 잡아 구체화하는 일이라 적성에 잘 맞았어요. 근데 일의 구조상 디자이너와 패턴사는 사이가 좋을 수 없어요. 일하면서 엄청 싸웠어요.

주로 어떤 걸로 다퉜어요?

권진: 디자이너가 추상적으로 상상한 걸 주면 패턴사는 그 느낌을 구체화해야 해요. 작업상 안 되는 게 있는데 납득시키기가 어려웠어요.

혜진: 상상으로는 충분히 가능한데, 패턴사는 안 된다고 해요. 저는 옷을 만들 때 디테일과 실루엣의 발란스를 중요하게 생각해요. 머릿속으로 상상하던 저만의 느낌을 잡아 피팅을 하면서 사이즈와 디테일을 계속 수정해요. 단 1-2밀리미터라도 안으로 들어가면 라인이 훨씬 예쁜데 남편은 그 2밀리미터가 티가 나겠냐, 다른 사람은 알까, 그건 네 만족이라고 하죠. 어쨌든 이 옷을 만들고 싶고 결과가 나와야 하니 싸울 수밖에 없어요. 저는 디자이너 마음에 들 때가 디자인의 파이널이라고 생각하거든요. 시간에 무딘 편이긴 하지만 마음에 안 들어서 마무리를 못 짓는 건데 끝맺으라고 압박하면 너무 힘들어요.

권진: 어느 시점에서 끝내고 다음 단계로 넘어가야 일이 진행되는데 혜진이가 못 놓는 거예요. 뒤로 몇 개의 디자인이 기다리고 있어서 적당히 끊으라고 하죠. 저는 대충 한 거 아니냐는 혜진이의 말이 속상했어요. 늘 최선을 다하지 절대 대충 하지 않거든요.

혜진: 제가 하는 일은 항상 시간과 결과가 비례해요. 많이 생각할수록 더 좋은 게 나와요. 패턴을 만드는 건 합리적이고 프로세스를 완벽하게 끌고 가야 하는 일이라는 걸 처음엔 몰랐어요. 남편이 제가 생각한 것보다 빨리 작업을 마무리 짓더라고요. 나름 스마트하게 일을 한건데 대충 한 거냐고 해서 진짜 많이 싸웠어요. 남편이 힘들어서 수시로 사표 쓴다고 했어요(웃음).

자주 싸우면서 '이것만은 지키자' 하는 것도 생겼어요?

혜진: 패션 디자인을 공부할 때 패턴을 배운 적이 있어서 제가 아는 부분을 패턴사처럼 이야기하면 남편이 기분 나빠해요. 왜 남의 영역을 침범하냐며 전문 분야는 전문가에게 맡기래요.

권진: 저는 "이거 안 팔릴 거 같은데?" 이런 말 하면 안 돼요 (웃음).

혜진: 작업지시서를 드로잉 해서 주면 고개를 갸우뚱할 때가 있어요. 표정만 봐도 기분이 나쁜 거예요. 저는 오래 고민해서 이렇게 만든 건데 말이죠. 지금은 서로의 영역을 넘나들지 말기로 하고 잘 지켜요.

타인과 생활하다 보면 이해하기도 공감하기도 어려운 일이 참 많아요.

권진: 저희는 대화법도 달라요. 저는 '아' 하고 먹으라면 '아' 하고 먹는 스타일이에요. 손에 얹어주면 이해하는 스타일인데 혜진이는 말의 넓이가 엄청 넓어요.

혜진: 저는 직감적으로 움직이는 성향이에요. 그래서 체계적인 과정보다는 처음과 마지막에 떠오르는 순간의 직감과 감정이 중요해요. 제가 상상이 풍부하다는 생각을 한 적이 없는데 남편과 싸우면서 알았어요. 일을 할 때 머릿속에 수백 가지의 생각이 있다 보니 말하는 스타일도 추상적인가 봐요. 이것저것 마음 편하게 시도해 보라고 넓게 말하는 건데 남편은 정확하게 지시해 주는 걸 좋아해요. 근데 저는 그렇게 대화를 해본 적이 없어요. 한 번은 제 말을 남편이 다르게 받아들여서 둘이 블랙박스까지 찾아본 적이 있어요(웃음).

권진: 정확하게는 제 주장이 맞았어요.

혜진: 제 의도는 그게 아니었거든요. 뉘앙스와 분위기라는 게 있잖아요. 순간 화가 나서 단어 하나를 딱 그렇게 사용했는데 그걸로 판단해 버리더라고요. 앞뒤 정황을 보면 제 말이 맞고 그 단어를 사용했냐 안 했냐를 보면 남편 말이 맞고 그래요.

타협점을 찾았나요?

권진: 이런 일이 계속 반복되니까 우리가 진짜 문제가 있나 생각한 적이 있어요. 곰곰이 생각해 보니 성격이 달라서 일어난 갈등이에요. 혜진이가 나를 곤란하게 하려는 게 아니라 저런 성향으로 태어난 사람이라고 생각하니까 이해가 되더라고요. 나쁜 의도로 말한 게 아니라는 걸 믿으니까 듣는 대로 판단하지 않으려 해요.

혜진: 서로의 성향 차이를 이해하기까지 시간이 오래 걸렸어요. 넓게 말하는 제 성격 때문에 오해를 불러일으킨다는 걸 알고 되도록 정확하게 말하려 노력해요. 예전에는 머리를 거치지 않고 말했다면 오해할 수 있으니 확실히 말하려고 노력하죠.

삶의 대화는 어때요?

권진: 지금까지의 트러블은 모두 일의 대화예요. 삶의 대화에서는 부딪치지 않아요. 삶까지 그랬다면 너무 힘들었을 거 같아요.

혜진: 같이 일하기 전에는 한 번도 안 싸웠어요. 저희가 일하면서 의견 충돌이 있는 걸 보고 주변에서 연애할 때도 이렇게 싸웠냐고 물어본 적이 있어요. 싸운 적 없고 너무 잘 맞는 사

람이라고 생각했는데 같이 일해보고 깜짝 놀랐어요. 너무 달라서요.

그럼에도 서로를 이해하려 애쓰고 노력하게 하는 힘은 무엇일까요?

혜진: 음… 사랑?

권진: 하하하하.

혜진: 뱉고 보니 창피하네요(웃음). 살아가고자 하는 방향이 같아서일까요? 지금은 페르마타에 애정을 쏟고 있지만 저희는 언제든 놓을 수 있을 때 놓자는 생각이에요. 항상 즐거운 마음으로 스스로에게 진실된 옷을 만들고 싶거든요. 디자인하면서 시간에 쪼이고 심리적으로 힘들어 푹 내려앉을 때도 있어요. 제 생각과 결정에 따라 페르마타의 앞날이 변하니까요. 자신에 대한 확신이 없을 때 극단적인 말을 해도 남편이 곁에서 함께 버텨줘요. 저의 선택을 믿게끔 배짱과 힘을 주고, 하기 싫으면 하지 않아도 된다고 말해주죠.

삶의 가치관이 잘 맞는 거죠?

권진: 큰 줄기는 맞아요. 잔 줄기가 안 맞아서 그렇죠(웃음). 한 방향으로 같이 가는데 저는 직진하는 스타일이고 혜진이는 왔다 갔다 돌아가는 스타일이에요.

혜진: 결국엔 같이 가요. 그 길을 가는 방식이 다른 거죠. 남편은 집안일도 완벽하게 하고 해야 할 일을 다 하고 쉬는 성격이고, 저는 중간중간 제가 하고 싶을 때 하는 성격이에요. 그래서 저희는 일뿐만 아니라 집안일도 역할을 다 나눴어요. 화단은 꽃 가꾸길 좋아하는 제가 관리하고 잔디는 남편 담당이에요. 화단에 난 잡초는 제가 뽑고 잔디에 난 잡초는 남편이 관리해요. 자기 일을 각자의 방식으로 하는 거죠.

혹시 이런 생각도 해봤어요? 내가 그때 이 사람과 결혼하지 않았다면 지금쯤 어떻게 살고 있을까?

권진: 누군가 만나서 결혼했겠지만 이런 삶은 아니었을 거예요. 회사 나오고 싶을 때 와이프가 동의하지 않았다면 회사에 찌든 삶을 살았겠죠. 아이 빨리 낳고 교육에 올인하며 살고 있지 않을까요?

혜진: 저는 결혼을 안 했을 거 같아요. 그놈이 그놈이다 하면서(웃음). 왜 한 나라에 뼈를 묻어야 하지? 떠돌아다니며 살았을 거 같아요. 자유로운 삶을 늘 상상만 하고 있어요.

성격이 달라서 좋은 점도 있을 거예요. 혼자서는 할 수 없지만 상대가 움직여준 덕분에 할 수 있게 되는 것들도 있잖아요.

혜진: 저에게 페르마타의 존재가 그래요. 제가 디자인한 페르마타 옷을 남편이 패턴 떠준다는 게 저에게는 좀 남다른 의미가 있어요. 남편이 도와줘서 페르마타가 편집숍으로 자연

스럽게 흘러갈 수 있었고요. 저는 옷이 좋아서 디자인을 하는 사람이었지 쇼룸을 열고 바잉하고 돈을 번다는 꿈을 한 번도 꿔본 적이 없어요. 남편의 펌프질이 없었으면 페르마타의 12년은 없었다고 생각해요. 돈 관리나 바잉할 때 필요한 문서 작업도 남편이 관리해요. 이윤을 남기려 따지며 디자인하는 건 저에게 너무 스트레스예요. 남편이 아니었다면 소소하게 좋아하는 것만 했을 거예요.
권진: 저지르는 건 혜진이가 하고 수습은 제가 해요. 12년이니까 나름 체계도 생겼죠.

전원생활도 서로가 있어서 가능하지 않았을까요?
혜진: 그렇네요. 혼자 산다고 생각했으면 이런 집을 짓지도, 편리하게 관리하지도 못했을 거예요.
권진: 저는 이렇게 예쁘게 살진 못했을 거예요.

정리해 보면 지금의 일과 생활 모두 두 분이 함께여서 잘 이뤄갈 수 있는 거네요?
권진: 아, 그렇게 정리가 되는 건가요(웃음)?
혜진: 와, 우리 천생연분이다(웃음). 제가 다음 생에는 만나지 말자고 했는데.

여가시간에 함께 하는 취미도 있어요?
혜진: 유일하게 같이 하는 취미가 요가예요. 일주일에 두 번씩 한 지 2년이 넘었어요. '지금 일어나는 모든 일은 내 선택이고 고통도 내 선택이다. 하지만 고통과 나를 분리하면 된다.'는 걸 몸과 마음으로 배우고 있어요. 남편이 화가 많고 예민한 성격인데 요가를 마치고 나면 순한 양이 돼요.
권진: 근데 며칠 못 가요(웃음). 요가를 하면 완벽하게 하려고 짓누르던 것들이 벗겨진 느낌이에요. 정말 좋아서 매일 아침에 요가와 명상을 하고 싶은데 아직은 일주일에 두 번으로 만족하려고요.

요즘 두 분을 설레게 하는 일이 있어요?
혜진: 페르마타 중층 공간에 새로운 도전을 하고 싶어요. 옷은 상업적인 성격이 강해 표면적이기도 하고 한순간 하찮고 허무해지기도 해요. 그래서 옷뿐만 아니라 페르마타를 표현하는 다른 방식의 무언가를 해보고 싶어요. 옷이 페르마타의 배경이 될 수도 있고 주인공일 수도 있는 거죠. 그 연결고리가 되는 아티스트들의 클래스들도 진행했는데 코로나19 때문에 중단된 상태예요. 8월에 새롭게 꾸민 공간을 선보이고 싶은데 미흡할 거 같고 10월에는 보여드릴 수 있을 거예요.
권진: 요즘 모든 신경이 다 거기에 있어요. 그 공간에 넣을 장롱을 만들어 달라고 해서 고재 문짝 두 개로 만들었어요. 아직 뚜껑도 없고 바닥도 없지만 혜진이의 상상을 잘 살려보려고 해요. 여름 시골집에 있을 법한 장롱의 느낌으로 속에 이불도 있고 잠옷도 걸려 있는 모습을 떠올리며 만들고 있어요.

언젠가 훅 떠날 수 있다고 했잖아요. 그때는 무슨 일을 하고 싶어요?
권진: 막연히 상상한 건데 다 버리고 작은 시골 바닷가에 산다면 저는 스킨 스쿠버 강사를 하고 혜진이는 에어비앤비를 하자는 이야기를 한 적이 있어요. 혜진이가 새로운 사람들을 좋아하니까 맞이하면서 같이 친하게 지내면 재미있겠다고요.
혜진: 여행을 많이 하고 좋아하는 카페에서 아르바이트도 해보고 싶어요. 오랜 시간 준비해서 보여주는 게 아니라, 혼자 아침에 시작해서 저녁에 끝낼 수 있는 일을 얽매이지 않은 장소에서 하고 싶어요. 그리고 골동품 가게도 해보고 싶어요. 누군가 사용하고 아끼던 물건의 오래된 매력을 보물처럼 발견해 보고 싶어요.

그때가 되면 스틸 라이프는 누구에게 물려주고 싶어요?
혜진: 강아지 좋아하는 수의사 부부요. 전원생활을 꿈꾸는데 현실과 조건 사이에서 왔다 갔다 하고 있어요. 돌아올지 아닐지 알 수 없지만 스틸 라이프를 돌봐주겠다고 마음껏 떠났다 오라고 했어요.

우리는 사랑하고 신뢰하고 상처받고 치유하는 법을 배우며 어른이 되어가는 거 같아요. 두 분도 가족을 통해 스스로 성장했다 느끼는 순간이 있나요?
권진: 싸우는 횟수가 준 걸 보니 어른이 된 거 같아요. 이해의 폭도 넓어지고 노련하게 헤쳐 나가요. 그리고 부동산 계약할 때 어른이 된 거 같아요. 부모님과 같이 하던 일을 우리끼리 가서 순조롭게 계약을 할 때 그런 감정이 들어요.
혜진: 남 탓을 하지 않게 되었어요. 지금의 일과 결혼 생활이 오롯이 제 책임이라는 걸 알았어요. 관계나 일이 의도대로 되지 않았을 때도 스스로 감당해야 해요. 전원생활도 제 몫이에요. 부모님은 왜 힘들게 살려고 하는지 이해를 못 하셨지만 제가 원해서 선택한 일에 책임지고 있어요. 동물과 함께하는 일상도 저를 성숙하게 만들어요. 예전에는 아이들이 아프거나 도움이 필요할 때 뭘 해줘야 할지 몰랐다면 지금은 적절한 도움을 주려고 노력해요. 사랑과 책임감, 어쩌면 제 만족일 수도 있지만 베푸는 사랑의 힘을 알게 되었다고나 할까요. 끝까지 이 아이들을 잘 보살피고 싶어요.

따로 또 같이,
부부의 공간

1

2

3

권진의 물건

1 필리핀 수경 필리핀에서 산 수경인데 사람이 나무로 직접 만든 거래요. 아까워서 쓰지는 못하고 있어요.

2 식물 온실 식물을 키우기 적절한 온도와 습도를 유지할 수 있는 식물 온실을 만들었어요. 친구들의 시들해지는 식물도 이곳에 입원하면 본래의 생기를 찾아요.

3 몽구 인형 얼마 전 하늘나라로 간 몽구를 생각하면서 며칠 동안 만들었어요. 많은 에피소드가 있어 여행을 가도 챙겨가는 애장품 중 하나예요. 몽구를 아직 묻어주지 못해 식탁 옆 서랍장에 유골을 뒀는데 사진을 보며 종종 이야기를 해요.

혜진의 물건

테라코타 토기 외국에 출장 갔을 때마다 조금씩 사 온 토기예요. 모로코에 여행 갔을 때도 너무 마음에 들어서 다른 건 다 포기하고 토기 서너 개만 캐리어에 담아 온 적도 있어요. 옛 물건에 대한 호기심이 저를 사로잡아요. 손으로 만든 느낌, 가공하지 않은 질감과 색감을 좋아해요.

빈티지 저울 지금은 돈 주고 살 수 없는 것들 중에 특히 저울을 좋아해요. 무게 재는 걸 좋아하는 건 아닌데 저울 모양이랑 시대가 느껴지는 나무 재질, 흙의 느낌이 좋아요. 이건 4~5년 전에 프랑스 친구와 함께 가서 산 건데 프랑스에서도 드문 모양이래요. 이야기가 있는 물건을 특히 좋아해요.

작가 무루

Courage To Say The Wrong Answer

오답을 말하는 용기

어릴 적 나는 늘 열 명 중 여덟 명에 속하는 아이였고 지금도 마찬가지다. 선택한 길의 대부분이 평범했기 때문이기도 하지만 중간중간 가보고 싶던 길도 험난해 보이면 지레 겁을 먹고 돌아선 덕분일 테다. 아마 앞으로도 누구도 크게 반대하지 않고 깊게 우려하지 않는 길로 걸으며 나이 들 것이다. 그래서 그녀의 삶이 더 궁금했다. 열 명 중에 두 명이 되기를 선택한 사람. 나머지 여덟 명과 비교하는 대신 자신의 방식을 좀더 믿기로 한 사람. 오답이 정답이라고 우기는 게 아니라, 그저 오답 뒤의 세계를 말하는 그런 사람 말이다.

에디터 이다은 포토그래퍼 이요셉

수많은 일요일
안에서 지켜내는 삶

요즘 서점 곳곳에서 《이상하고 자유로운 할머니가 되고 싶어》를 만나고 있어요. 어떻게 지내시나요?

처음에는 바쁜 줄 몰랐는데 이번 주가 마의 주간이에요. 그저께 EBS에서 〈신예희의 뭐하고 사세요〉를 녹음하고 오늘 《시사IN》 첫 마감이에요. '원고지 7-8매쯤이야.' 하고 시작했는데 연재가 처음이어서 그런지 죽어도 안 써지네요(웃음). 인터뷰 끝나면 열심히 마감하고, 다음 주에는 최근 번역에 참여한 비올레타 로피즈Violeta Lópiz의 그림책 《노래하는 꼬리》 북토크를 해요.

어른들을 위한 그림책 읽기 안내자로 불리기도 해요. 어떤 수업을 하고 있나요?

'어른들을 위한 그림책 읽기'와 '문장에 대하여'라는 수업이에요. 보통 월요일이나 화요일에 한 번, 목요일과 토요일에 한 번씩 일주일에 세 번 진행해요. 그림책 수업은 다른 사람의 이야기를 궁금해하는 사람들과 함께, 문장 수업은 안에 있는 이야기를 밖으로 표현해서 어딘가에 닿기를 바라는 사람들과 함께 해요. 처음에는 단순히 좋은 그림책과 문장을 읽는 거라고 여겼는데 결국은 각자의 이야기로 연결되는 것 같아요. 요즘 워크숍 형태로 창작을 시도하고 있는데 생각보다 훨씬 많은 사람들이 자기 얘기를 하고 싶어 하고, 해낼 수 있다는 생각이 들어요.

고등학교 때 무용, 작곡, 밴드에 발을 들였다 빼며 수많은 '삽질'을 해왔다고 했어요. 어릴 때부터 하고 싶은 게 많은 아이였나 봐요.

지루함을 못 참았던 것 같아요. 짧은 호기심을 자주 충족하는 방식으로 살았기 때문에 항상 산만한 아이라는 지적을 받았어요. 초등학교 생활통지표에 '교우 관계는 원만하나 산만함'이라고 적혀 있었어요(웃음). 부모님께서 많이 걱정하셨죠. 당시에 산만하다는 건 공부를 못할 가능성이 매우 높다는 의미였으니까요. 그런데 어른이 되고 나서 객관적으로 봐도 저는 집중력이 좀 떨어지는 편이더라고요. 사무직 아르바이트를 한 번 해본 적이 있었는데 죽도록 시간이 안 갔어요.

어떤 일이었는데요?

대학 1학년 여름방학 아르바이트였어요. 사무실에 앉아서 문서 작업을 하는데 '아직도 열한 시라고? 그럼 언제 여섯 시가 되지?' 이런 생각을 계속했어요. 그때 나는 이런 일을 못 하겠구나, 생각했던 것 같아요. 매뉴얼대로 해야 하는 일을 시켜놓으면 꼭 시키지 않은 딴짓을 했어요. 열심히 일하는 것처럼 보였겠지만 사실은 계속 새로움을 찾으려는 시도를 한 거죠. 아이들 가르치던 첫 직장도 결국 1년 반을 다니다 그만 두고, 동네에서 혼자 아이들을 모아 글쓰기를 가르치는 일을 15년 남짓 했어요. 그 아이들이 자라면서 파도에 밀려오듯 어른을 위한 수업을 하게 되었네요.

"비혼, 여성, 프리랜서, 집사, 채식지향주의자, 그림책 읽는 어른… 세계의 가장자리를 살아가는 마음가짐에 관하여"라는 책 소개 문구가 계속 머리를 맴돌아요.

지금 제가 속해 있는 카테고리는 성장기에는 상상할 수 없던 범주예요. 아마 직장인이 아닌 채로 밥벌이에 성공한 순간부터 그 벽이 허물어진 것 같아요. 직장을 그만 두고 혼자 뭔가 해보겠다고 했을 때 부모님, 친구들, 심지어 비슷한 일을 하는 사람들조차 제 선택이 좋은 결과를 낼 거라는 기대를 하지 않았어요. 모두 걱정만 했죠. 직장생활은 노동 강도는 셌지만 급여도 비교적 높았고 안정적이었거든요. 그때 제가 50만 원짜리 적금을 넣을 때였는데 프리랜서 생활을 시작하고 생활비는 고사하고 적금도 못 넣었어요. 성공적인 시작은 아니었죠. 확신이 있었다기보다 그냥 배짱을 부렸던 것 같아요. '뭐, 할 만하네. 괜찮네.' 정도였지만, 다른 사람들이 믿어주지 않는 일을 나 자신은 믿어 주었어요. 결과적으로는 후회하지 않았고요. 그 최초의 경험이 이후의 삶에 선택의 기준이 된 것 같아요. 어차피 불확실하고 불안하다면 하고 싶은 걸 하면서 덜 후회하는 쪽이 낫다고, 꼭 모두의 동의를 받지 않아도 괜찮다고 믿게 됐어요.

먹고 싶은 음식을 직접 만들고 자기 공간을 식물과 책으로 채우고 있어요. 좋아하는 것들을 가까이에 두는 모습이 좋아 보여요.

색, 맛, 향, 감촉 같은 감각적인 인풋을 좋아해요. 시간에 따라 달라지거나 어떤 화학작용이 일어나면서 변하는 것도 그렇고요. 요리라는 게 열이나 염분 혹은 어떤 물리적인 방법으로 재료를 변화시켜서 완성된 맛을 향해 가는 거잖아요. 음식을 잘하는 편은 아니지만 그 과정에 적극적으로 관여하면서 결과물을 아름답게 만들어가는 일이 재미있어요. 식물을 키우면서는 또 새로운 세계가 열렸어요. 작업실 테라스에 식물을 두고 가꾸며 벌이 예쁘다는 걸 알게 됐거든요. 옛날에 벌은 가까이 오면 위험한 곤충이라고 생각했는데 지금은 무섭지 않아요. 벌들이 꽃에 앉아 꿀을 먹고 있을 때 물을 뿌리면 짜증내는 거 모르셨죠? 그런 걸 보고 있으면 내가 모르던 세계의 아름다움이 무궁무진하다는 생각이 들어요.

삶에 대한 태도가 능동적이고 주체적인 것 같아요.

잉여시간이 많아서 그래요. 직장을 다녔다면 이렇게 못 했을 거예요. 직장인들은 소속된 공동체에 많은 부분을 기여해야 하잖아요. 프리랜서는 본인이 할 만큼만 일을 하면 돼요. 본인만 만족할 수만 있다면 일하는 시간보다 쉬는 시간을 더 많이 가질 수 있죠. 시간과 체력이 남으면 사람이 딴짓을 하게 돼요. 어릴 때 교과서에서 배운 농업 혁명의 의미를 살면서 격하게 체감하고 있어요. 종일 일에 매달려야 했다면 새로운 것, 재미난 일을 찾아볼 궁리는 하지 못했을 거예요.

남는 시간에 나태해지지 않는다는 게 말처럼 쉬운 일은 아니잖아요.

저는 동료도 가족도 없는 형태의 삶을 선택했어요. 후회하거나 잘못됐다고 생각하지는 않지만 어깨를 같이 걷고 보폭을 맞출 사람이 없으면 쉽게 허무에 빠지는 건 사실이에요. 10년 뒤에 죽으나 지금 죽으나 다를 게 없다는 생각도 들죠. 마음이 가라앉는 날에는 혼자가 아닌 사람들보다 우울감에 잠식될 확률이 훨씬 더 높기 때문에 스스로 삶의 의미와 기쁨, 그 밖에 삶을 유지해 나갈 수 있는 중요한 동력을 만들어 주려고 노력해요. 살아보니 그건 건강한 습관과 관계가 있더라고요. 삶을 건강하게 해줄 작은 습관을 잘 채워 넣어 보려고 의지를 많이 다지는 편이에요.

어떤 습관들인가요?

집 밖에 나가서 걷고 사람들을 만나는 것, 혼자 있더라도 집 안을 너무 방치하지 않는 거요. 《나무를 심은 사람》에서 엘제아르 부피에라는 노인이 처음으로 화자를 만나는 장면이 있어요. 노인의 집에는 1년 동안 아무도 찾아오지 않는데, 생각해 보면 그 노인은 1년 동안 일요일 같은 날들을 산다는 뜻이잖아요. 그런데 화자가 마주한 집 안은 너무나 깨끗하게 정돈되어 있었고 노인의 얼굴은 깔끔하게 면도가 된 상태였어요. 셔츠의 단추도 어느 하나 단단하게 끼워지지 않은 것이 없었고요. 그게 저한테는 좇아야 하는 이상처럼 느껴져요. 직장인의 관점에서 보면 제 삶에는 일요일 같은 날이 더 많이 주어져요. 마음만 먹으면 언제든 고립될 수 있고, 사회성을 검증받을 필요 없이 나태를 누리며 살 수 있죠. 그럼에도 불구하고, 누구에게 보여주기 위해서가 아니라 나라는 인간이 나를 좋아하기 위해서, 내가 생각하는 최소한의 인간성을 유지하기 위해서 나름대로 근면함과 단정함을 유지하려고 노력해요. 이건 곁에서 지켜봐주는 누군가가 있는 사람들보다는 훨씬 더 강한 의지가 있어야 하더라고요. 아무도 없는 일요일 아침에 드레스업을 하는 기분이랄까요?

선택한 길로 걸어가되 주위를 둘러 보며

혼자 살기로 결심하면서 무엇을 얻고 포기해 왔는지 궁금해요.

얻은 것은 자유죠. 자유롭고 싶어서 선택한 인생의 총합이 현재의 저예요. 포기한 것은 설명하기가 좀 어려운데요. 음…. 가끔 조카들을 보면 '아, 어쩌면 내가 인생에서 아주 중요한 성장의 한 단계를 포기한 걸 수도 있겠구나. 나에게 주어진 인생의 의미를 너무 좋아하는 방식으로만 찾아온 건 아닐까?' 하는 생각이 들 때가 있어요. 어렴풋하지만, 부모가 되는 과정에는 굉장히 어렵고 아름답다고 느껴지는 지점이 있거든요. 제 동생은 아이 셋을 키우는 엄마로서, 부모가 되어 제 부모를 이해하는 성숙한 어른으로서 여러 사람에게 헌신하는 인생을 살고 있어요. 동생을 보며 '헌신'이라는 단어에 대해, 나는 인생에서 과연 무엇에 헌신할 수 있는지에 대해 생각해요. 그건 단지 더 힘들게 산다는 뜻이 아니라 어떤 지혜를 터득해 가면서 아름다운 것들을 나눌 줄 알게 된다는 의미인 것 같아요. 어쩌면 저에게는 그런 경험이 부재하거나 부족할지 모른다는 생각이 들어요.

결혼에 관한 생각은 어때요?

한 번도 결혼에 대한 욕망을 가져본 적이 없었다는 게 비혼을 결심하게 된 가장 큰 이유일 거예요. 결혼하고 싶은 사람은 있지만 제도가 싫은 게 아니고, 연애를 해도 결혼하고 싶다는 마음이 안 들었어요. 결혼에 대한 판타지가 하나도 없었어요. 지금 생각해 보면 나 자신을 너무 잘 알았기 때문에 내린 결정인 것 같아요. 좋은 관계의 기본은 이타심이라고 생각하는데 저는 이타적인 사람이 아니거든요. 이기적이고, 자유가 너무 중요하고, 괴로운 것보단 외로운 게 나은 사람이죠.

결혼 말고 동거나 다른 형태의 결합도 꿈꿔본 적이 없어요?

동거하기 좋은 사람과 기회가 있었다면 시도는 해봤을 것 같아요. 그런데 저는 다른 사람과 생활 공간을 공유하는 게 어떤 장점이 있는지 잘 모르겠어요. 연애는 떨어져 있어도 가능하잖아요. 가족이 되거나 동거를 하면 꽤 내밀한 생활을 공유해야 하는데 그게 왜 좋을까…? 그런 생각이에요. 이상한 게, 저는 어두운 걸 너무 무서워해서 밤에 불 끄고 잔 지도 얼마 안 됐거든요. 혼자 있을 때 여러 가지 공포를 겪는데도 생각이 바뀌질 않네요. 타인과의 물리적 거리가 너무 가까워지면 잘 견디지 못하는 것 같아요.

결심이 무척 확고해 보여요.

네. 분명 불행할 텐데 차라리 다른 길을 선택하는 게 낫겠다는 결론을 내렸어요. 그러면서도 마흔을 막 지날 즈음에는 문득 무서워지는 순간이 찾아왔어요. 어렸을 때는 나이 드는 게 뭔지 아무것도 몰랐던 거예요. 몸이 노화하는 걸 피상적으로 아는 것과 실제로 노화를 경험하는 건 다르거든요. 40을 몰랐으니, 50과 60과 70은 더 모르는 세계일 거예요. 아무것도 모르는 채로, 섣불리 확신하면서 산 건 아닌지 불안하기도 했어요. 그런데 그 시기도 지나가더라고요. 누군들 뭘 알면서 결정하겠나 싶고요. 결국 딱 한 번만 선택할 수 있는 거라면 내 선택을 좀더 믿어주는 방향으로 가려고 해요.

그런 마음이 다시 들면 어떻게 하죠?

그럴 땐 넷플릭스를 봐야죠. 맥주 한 캔 옆에 두고요(웃음).

그럼에도, '혼자'가 '고립'을 뜻하지는 않기에 여러 관계를 맺고 서로 도움을 주고받으며 사는 것 같아요. '주민 모임' 얘기를 좀 들려주세요.

너무너무 심심해서 시작한 모임이에요. 일을 혼자 하면서 나처럼 사는 사람들과 만나서 얘기하고 싶다는 생각을 자주 했어요. 가치관이 비슷한 사람들과 재미있는 일을 도모해 보고 싶었고요. 한 사람이 서른쯤 되면 고유하게 쌓아온 취미나 기술의 영역이 있는데, 여럿이 모여서 각자 가진 걸 나누면 좋을 것 같았어요. 2015년에 위켄드 베이커리의 베이커와 요리하는 '델리 후추', 미추건축에서 건축하는 '송반장', 지금은 모임에 참석하지 않는 한 분과 함께 주민 모임 1기를 시작했어요. 처음엔 엉망진창으로 굴러가는 것 같았지만 점점 사람이 모이고 경험이 쌓여가면서 어렴풋이 의미도 만들어졌어요.

지금은 그 안에서 어떤 일들이 벌어지고 있나요?

지금 주민 모임은 휴지기예요. 모임을 이대로 유지해도 되는지 잘 모르겠다는 마음이 너무 컸고 계속됐거든요. 누가 저한테 감투를 씌워준 것도 아닌데 제안자로서 가지던 중압감이 있었어요. 어느 순간 우리가 계속 돌고 돈다는 기분이 들더라고요. 몇 년 전부터는 주민 모임에서 가까워진 번역가 친구와 함께 《할머니의 팡도르》, 《섬 위의 주먹》 등 오후에소묘에서 출간하는 비올레타 로피즈의 책들을 번역하고 있어요. 오후의소묘 대표님 역시 주민 모임 친구인데, 모임을 하다 보니 이렇게 작은 곁가지들이 알아서 생기더라고요. 모임의 의미가 실은 새로운 가지를 내는 기둥이 되는 데 있었고, 그 가지를 내면서 의미를 다 한 것 같다는 느낌을 받았어요. 친구들에게 이 마음을 제대로 설명하지 못한 채로 너무 투박하고 서툴게 의구심을 드러낸 게 마음에 걸리지만, 꾸준히 관계를 이어가고 있으니 언젠가는 또 무엇이 만들어질 거예요.

뜻이 같아 만난 친구들이니 서로 많이 의지하고 있겠어요.

그 친구들은 결혼식은 당연히 화려해야 하고, 애는 당연히 낳아야 하고, 연봉은 당연히 높아야 한다는 사회적인 통념에서 조금 자유로워요. 주류의 삶을 선택하지 않거나 그 방식을 선호하지 않는 사람들이 느끼는 군중 속의 외로움 같은 게 있는데, 특히 사랑하는 사람한테 이해받지 못하면 되게 외롭거든요. 저는 가족들과 관계가 좋은 편인데도 중요하게 생각하는 일에 대해 충분히 대화하는 기쁨을 누리지는 못해요. 그런 사람들끼리 모여 "여기 우리 같은 사람들이 있어." 하고 서로 응원하는 거죠.

관계에 대해 조금 더 물을게요. 책에서 초등학교 때 따돌림을 당했다는 이야기를 봤어요. 그 시기에 많은 고민을 했을 것 같아요.

맞아요. 소외의 경험을 하고 나니까 친구는 너무 소중한 존재고, 친구가 없으면 괴롭다고 생각하게 됐어요. 친구가 있어야 한다는 사실이 너무 중요해서 내가 그들에게 어떤 친구인지, 그 친구가 나에게 어떤 친구인지를 제대로 보지 못했어요. 성장기 내내 인간관계를 좀 미성숙한 방식으로 이어 온 것 같아요. 스스로 어떤 사람인지를 충분히 실험해 보거나 확인해 볼 기회가 없었기 때문에 남들이 10대에 할 고민을 20대에, 20대에 할 고민을 30대에 했어요. 지금도 계속되고 있고요.

무슨 고민이요?

그걸 모른다는 게 문제예요. 지나고 나야 알아요. 예를 들면, 누가 저한테 무례하거나 말도 안 되는 실수를 해요. 그러면 '아, 내가 몇 년 전에 했던 실수인데….' 하면서 지난 잘못을 알아채는 거예요. 그러니까 막 화가 나는 게 아니고 등골이 서늘하죠. 사람이 꼭 경험하지 않아도 어느 정도 성숙하는 과정

©마르

에서 알게 되는 지혜가 있을 텐데 저는 모든 걸 너무 뼈아프게 경험한다는 생각도 들어요. 넘어지면서 배우는 건 참 어렵고 괴롭거든요. 아주 박박 긁어 모아서 유의미한 점을 찾자면 남의 실수에 관대해진다는 점이에요. 어마어마한 실수를 하고 크게 후회해 보거나 스스로 얼마나 미숙한 사람인지를 깨닫고 괴로워해 본 적이 없는 사람은 다른 사람의 실수를 쉽게 용인하기 어렵지 않을까요? 반대로 많이 실수하는 사람은 남이 어떤 실수를 해도, 때로 화가 치밀고 관계가 망가지더라도 그 안에 약간의 연민을 느낄 수 있겠죠.

왠지 모르게 위로가 되는 이야기네요. 고양이 탄이는 지금 집에 있나요?

춥다고~ 춥다고, 에어컨을 끄라고~ 끄라고 해서 이불을 덮어주고 왔어요. 요즘 제가 계속 바쁘니까 서운하다고 시위를 하는데, 그래도 수업 공간이 분리된 뒤로 되찾은 평화를 무척 좋아해요. 집에서 수업할 때는 낯선 사람들이 많이 와서 좀 힘들어했거든요. 탄이에게는 3년 동안 누적된 셔터 소리가 큰 스트레스가 되었던 모양이에요. 저조차도 탄이 사진을 다시 찍기 시작한 지 얼마 안 됐어요. 이제 좀 컨디션을 회복하고 있는 것 같아요.

둘의 첫 만남이 궁금해요.

포토그래퍼 '정멜멜'님이 어느 날 트위터에 까만 고양이 사진을 하나 올렸어요. 아는 선배의 고양이인데 사정이 생겨 가족이 필요하다고요. 고양이를 키워보고 싶은 마음은 있었는데 팔로워가 많은 계정이어서 아무래도 기회가 오지 않을 것 같았죠. 약간 방심하면서, 아무도 원하는 사람이 없으면 연락을 달라고 했는데 운명처럼 저한테 연락이 온 거예요. 약간 꿈꾸는 기분으로 탄이를 만났어요. 태어난 지 5개월 정도 됐었고, 한창 이갈이를 할 때라 유치를 막 흘리면서(웃음) 저희 집에 왔어요.

혼자 탄이를 키우면서 이것저것 변화가 많았을 것 같아요.

우선은 여행 없는 삶을 살게 되었고요. 쉽게 이해할 수 없는 낯선 존재와 살아가며 서로를 알아가는 경험을 하고 있어요. 고양이에게 좋은 환경을 제공하기 위해 했던 선택이 뜻밖에 긍정적인 영향을 끼칠 때가 있어요. 고층에만 살다가 저층으로 이사를 한 경우가 그래요. 집에서만 지내는 고양이를 위해 나무와 새가 많은 곳에서 살게 되었는데 저에게도 좋은 일이더라고요. 어떤 일이든 선택의 이유가 내 밖에 있을 때 삶의 지형이 크게 달라지는 것 같아요. 더 넓어진다는 느낌이랄까요.

같이 나이 들어가는 기분은 어때요?

개도 고양이도 나이 들면 털이 세잖아요. 탄이가 네 살인가 다섯 살 때 등에 하얀 털이 딱 하나 나있는 걸 발견했는데 "아니야! 그럴 리 없어! 거짓말이야!" 이러면서 뽑아버렸어요(웃음). 이제 여덟 살이니 털이 꽤 많이 셌죠. 전에는 탄이를 두고 외출할 때 혹시 불의의 사고가 일어나서 내가 돌아오지 못하면 어쩌나, 매뉴얼을 만들어놔야 하나, 하는 걱정을 꽤 오래 했어요. 가족들 중에는 고양이에 대해 잘 아는 사람이 없거든요. 다행히 지금은 주변 사람들이 고양이의 존재를 잘 아니까 마음이 좀 편해졌어요. 불안함이 좀 무뎌진 걸 수도 있고요. 한편으로는 먼저 떠나보낼 걱정도 되지만 제가 먼저 떠나는 것보다 백만 배는 나아요. 어릴 때 오래 키운 개를 먼저 보낸 경험도 있고 그게 어떤 슬픔인지도 잘 알지만, 그래도 사랑이 더 큰 것 같아요. 탄이의 시간이 훨씬 빠르니 이제 저와 나이가 얼추 맞겠네요. 우리 둘이 같은 나이를 산다는 건 또 그것대로 좋아요.

탄이는 참 거대한 존재네요.

탄이는 저에게 재미있고 새로운, 계속 알아 나가야 할 우주예요. 탄이를 통해 고양이를 싫어하는 누군가의 마음과, 고양이를 싫어하는 사람들에게 밉보일까봐 날아드는 비둘기를 싫어하는 제 마음이 실은 같다는 것도 알게 되었어요. 사랑하는 일이 어떤 건지 조금씩 배워나가고 있고, 기쁨이라는 감정이 인과관계를 통해 생겨나지 않는다는 것도 깨달았어요. 기쁨은 순간적이고 신비로운 감정이에요. 탄이는 제 인생에 가장 잦고, 유의미하고, 제가 가장 좋아하는 형태의 기쁨이고요.

이상하고 자유로운 할머니가 되고 나면, 지금의 나에게 하고 싶은 말이 있나요?

"작작 좀 해(웃음)." 뭔지는 모르겠는데 항상 필요 이상으로 넘쳐서 후회하던 순간이 많았거든요. 차분하게 주위를 잘 둘러보라고, 봐야 할 것들을 보면서 살라고도 말해주고 싶어요.

나를 두 발로 서 있게 하는 것들

함께 읽고 쓰는 사람들

"제가 하는 일들은 모두 책을 둘러싸고 일어나는데 그 속에서 만난 사람들과 동지로, 혹은 동료로 느슨하게 연결되어 서로를 응원하고 지지하는 시간이 힘이 돼요. 함께일 때도, 혼자일 때도요. 건축가인 친구 S의 집 마당에서 그림책 수업을 하던 가을도 그런 날 중 하나였고요."

새로운 시도

"처음 하는 일을 위해 용기를 내고 우여곡절을 겪고 그 일을 해본 사람의 경험을 품는 일은 다음을 기대하게 만들어요. 프로젝트 '이상한 일상'을 함께 꾸려가는 동료와 했던 마을정화사업은 어떤 의미로 정말 고약했는데, 동시에 배운 것이 아주 많아요. 그 방식이 아니고서는 얻을 수 없는 배움이 있다는 걸 알았어요."

식물 생활

"일상의 공간 곳곳에서 자라는 식물들을 돌보고 관찰하는 일이 재미있어요. 식물을 돌보기 전에는 아름다움이란 완성된 상태라고 생각했는데, 요즘은 모든 변화하는 과정이 아름답다고 느껴요. 세상의 모든 살아 있는 것들은 어떤 식으로든 성장하고 있구나, 생각하면 나도 건강하게 잘 자라고 싶다는 생각이 들어요."

조카들

"이모가 어떤 사람인지 탐구하려 드는 조카들을 보면서 건강한 사람으로 잘 살고 싶다고 생각해요. 아이들이 질문을 던질 때마다 일종의 프리즘이 된 기분이에요. 저라는 어른을 통해 세상을 보는 것 같아서요. 내가 이 세계에 어떤 책임을 가지고 있구나 어렴풋이 느껴요. 무엇보다 '다음에 또 놀자'는 약속을 지키고 싶어서 애쓰게 돼요. 그런 애씀이 저를 조금이라도 더 나은 사람으로 만들어주는 것 같고요."

솔마ⓒ

A Married Couple

One Sheep, Two Sheep

플레따 김양희 × 코브라파스타클럽 윤지상

양들의 세계

성격유형 검사를 한다면 전혀 다른 결과지를 손에 쥘 것 같은 두 사람이 만났다. 신부는 '플레따'라는 이름으로 옷을 만들고 신랑은 '코브라파스타클럽'이란 이름으로 음식을 만든다. 7년간의 연애 끝에 결혼에 당도한 두 사람은 결혼식이 노는 것처럼 즐거워서 지금도 왕왕 생각한다고. 한 사람이 A를 말할 때 다른 한 사람이 Z를 말해도, 한 사람이 차근차근 나아갈 때 다른 한 사람이 벼락치기를 해도, 입이 마르고 닳도록 싸우고 또 싸워도, 같은 순간에 웃는 둘이어서 서로가 아니면 안 될 것 같았다. 그렇게 이들은 부부가 되었다.

에디터 이주연 포토그래퍼 이요셉

2018년 10월 20일

신부는 웨딩드레스를 직접 디자인했고 신부의 아버지는 드레스를 만들었다. 신랑은 축가를 불렀고 '웃음을 어떻게 참지?' 고민하던 신부는 눈물을 훔치느라 바빴다. 친구들은 결혼사진을 찍거나, 스타일링을 해주거나, 부케를 만들거나, 청첩장을 그리면서 둘을 축하했다. 신부 대기실에 앉아 손님을 맞는 대신 풀밭을 돌아다니며 손님이 올 때마다 해사하게 웃던 신부는 말한다. "최고로 재밌던 내 결혼식. 또 하고 싶다."고.

상상만 해도 황홀해요. 직접 디자인하고 아버지가 만든 웨딩 드레스를 입고 결혼하다니!

양희: 저희 부녀는 플레따라는 의류 브랜드를 함께 하고 있어요. 플레따는 처음부터 둘이 시작한 브랜드는 아니었어요. 오랫동안 패턴사로 일하신 아빠가 갑작스럽게 일을 그만두게 되었는데, 그때 아빠가 옷을 같이 만들어보지 않겠느냐고 조심스레 묻더라고요. 언젠가 아빠랑 함께하고 싶단 생각은 있었지만 그건 제가 자리를 잡고 난 먼 미래의 일이었거든요. 마음의 준비가 되어 있지 않은 상황이라 자신도 없고 걱정도 많았는데, 결국 '둘이 잘해보자!' 다짐하곤 이렇게 호흡을 맞추고 있네요. 제가 디자인한 옷을 아빠가 제작하는 건 플레따에서 매일 일어나는 일이에요. 그래서 아빠가 만든 옷은 저에게 익숙하죠. 웨딩드레스를 제작하는 과정도 플레따 옷을 만드는 것과 다르지 않아서 새로울 건 없었어요. 다만, 아빠와 함께 만든 드레스를 입고 결혼하는 신부가 세상에 몇이나 될까 생각하면 뜻깊기도 하고… 아빠한테 참 고마워요.

'내가 입을 드레스'는 어떻게 만들고 싶었어요?

양희: 어릴 때부터 야외 결혼식에 로망이 있어서 저희 결혼도 야외에서 했거든요. 야외에서 입기 좋은 형태로, 오로지 제 취향을 담아 디자인했어요. 퍼프소매를 좋아해서 퍼프에 신경을 많이 썼죠. 다른 일로 바빠서 제 드레스는 거의 결혼식 임박해서 부랴부랴 만들었어요(웃음).

© 김양희 · 윤지상

지상: 양희는 옷을 만들기 시작할 때부터 웨딩드레스에 관심이 많았어요. 어떻게 보면 시험작으로 본인의 웨딩드레스를 만든 거기도 하고요. 웨딩 분야가 쉬운 쪽은 아니어서 우선 여성 브랜드로 플레따를 시작한 건데, 지금도 웨딩드레스에 대해 생각이 많아요. 곧 웨딩드레스 라인도 본격적으로 선보일 거라 공부도 열심히 하더라고요.

두 분은 7년을 연애하고 결혼했다고 들었어요. 짧지 않은 시간인데 처음 만난 날을 기억하고 있나요?

지상: 그럼요. 벌써 10년 전이네요(웃음). 저희는 브런치 카페에서 일하다가 만났어요. 저는 주방을 맡고 있었고 양희는 파트타임 아르바이트생으로 홀 서빙을 담당했죠. 그땐 각자 애인도 있었는데 긴 시간 일하다 보니 둘 다 헤어지는 시기가 오더라고요. 제가 적극적으로 마음을 표현하면서 연애가 시작됐어요. 당시에 양희를 좋아하는 남자 직원들이 꽤 있어서 미움을 좀 샀죠(웃음).

선택권은 양희 씨한테 있었군요(웃음).

양희: 사실 처음엔 오빠 방식이 부담스러웠어요. 지금도 그렇지만 애정 표현을 정말 잘하거든요. 근데 그런 모습도 계속 보다 보니깐 익숙해지고 다정해 보이더라고요. 나이 차이가 좀 나지만 자기를 잘 가꾸는 모습이 어린 마음에 더 좋아 보이기도 했고요.

두 분 나이 차이가…?

지상: 둘 다 양띠예요.

네? 띠동갑이요?

지상: 겉으로는 그렇게까지 차이 나 보이지 않아도 연애 초반엔 스스로 아저씨 같다는 생각을 많이 했어요. 너무 어른 같이 굴면 어려워할까 봐 조심스럽기도 했고요.

양희: 어른스러운 면이 좋았지만 의외로 보수적인 사람이어서 부딪치기도 참 많이 부딪쳤어요.

어떤 면에선 나이 차이 때문에 힘들었을 것 같아요.

양희: 나이보다는 성격 차이로 더 많이 싸웠어요. 오빠가 일반 직장인이었으면 나이가 장벽처럼 느껴질 수도 있었을 텐

데 직업 특성상 그런 건 덜했어요. 겉모습도 워낙 젊어 보여서 특별히 힘든 건 없었죠. 제 친구들이 오빨 불편하게 생각하지 않는 것도 그랬고요.

지상: 양희랑 달리 저는 좀 불편했어요. 7년을 연애했는데 결혼 직전까지 양희네 부모님께 비밀로 하고 만났거든요. 저희 집보다 양희네가 훨씬 보수적인데 제가 나이도 있고…. 그래도 7년 동안 이렇게까지 숨기게 될 줄은 몰랐어요. 매년 명절이면 양희네 집에 이것저것 챙겨드리고 싶었는데 그럴 수 없어서 많이 답답하고, 솔직히 힘들었죠.

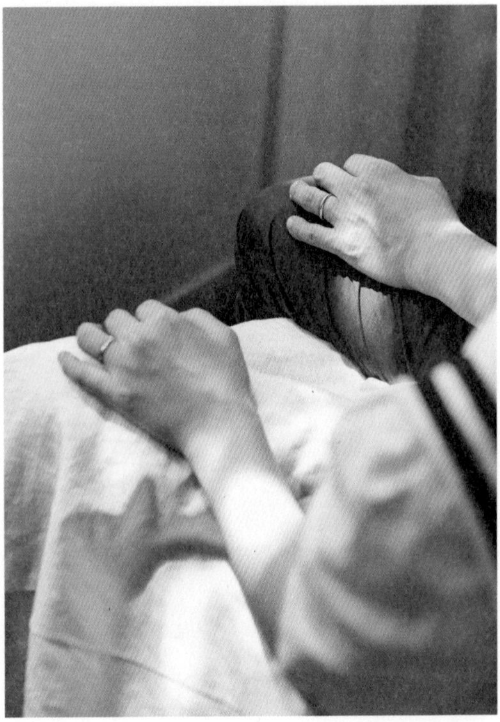

10년을 함께하다 보면 설렘보단 익숙함이 훨씬 커질 것 같아요.

지상: 설렘이라는 게 만화처럼 '뿅' 하고 눈이 하트로 변하는 건 아니라고 생각해요. 어떻게 들릴지 모르겠는데, 전 아직도 양희를 보면 설레요. 매일 봐도 지겹지가 않거든요. 유머 코드가 잘 맞아서 웃느라 지겨울 틈이 없는 것 같기도 하고요.

양희: 한 번쯤 권태기가 올 법도 한데 그런 게 없었어요. 싸우기도 많이 싸우고 헤어진 적도 많지만, 상대가 지겹고 보기 싫어진 적은 한 번도 없었죠. 결혼하고도 똑같아요. 오히려 같이 있는 동안 웃느라 바빠서 싸울 시간이 없어요.

지상: 연애 때랑 달라진 게 있다면 덜 싸우게 됐다는 거예요. 연애할 땐 한 번 싸우면 무서울 정도로 크게 싸웠어요. 양희가 자존심이 센 편이라 사과하는 일도 없고 양희 잘못이든 제 잘못이든 화해하기가 쉽지 않았죠. 애걸복걸해도 소용없을 정도였어요(웃음). 근데 지금은 미안하다는 말도 잘하고 싸우면 먼저 풀어주려고 노력도 해서 싸움이 길게 갈 일이 거의 없어요.

변하게 된 계기가 있었나요?

양희: 오빨 처음 만났을 때 제 나이가 스물하나였는데 벌써 서른하나예요. 특별한 계기가 있었다기보다는 나이를 먹으면서 자연스럽게 그렇게 된 것 같아요. 사는 동안 경험도 생기고 함께한 시간도 길어지면서 싸우는 게 부질없다는 생각이 들었거든요. 옛날엔 사소한 것들로 얼마나 트집을 많이 잡았는지 몰라요. 오빠는 망원동에서 코브라파스타클럽이라는 가게를 해왔는데요. 오픈하자마자 장사가 잘돼서 바빠지니까 저한테 집중하는 시간이 줄어드는 게 너무 싫더라고요. SNS에 댓글이 달리면 '이 사람 오빠 좋아하나?' 그러면서 터무니없는 생각도 하고, 오빠가 댓글이라도 달아주면 왜 그렇게 샘이 났는지 몰라요. 유치하죠(웃음). 이젠 그런 작은 부분에 연연하지 않아요. 오빠도 저도 변하지 않을 거라는 걸 확신하니까요.

지상: 싸우기도 많이 싸웠고 싸우다 헤어지는 일도 많았어요. 이젠 다시 안 사귀겠다고 다짐할 만큼 크게 싸우고 헤어진 적도 있는데, 그래도 다시 만나게 되더라고요. 연인이 너무 편안해지면 안 좋다고들 하지만 저는 오히려 양희가 가족 같아서 없으면 안 되겠더라고요. 양희가 곁에 없으면 식구가 가출한 것처럼 안절부절못하게 돼요.

10년간 많은 일이 있었을 것 같아요. 지금 머릿속에 떠오르는 일화를 하나 이야기해 본다면요?

양희: 옷장 사건!

지상: 아…. 지금 생각해도 끔찍한 기억인데요. 비밀 연애를 하다 보니 양희를 데려다줄 때도 장인어른이나 장모님 같은 실루엣이 보이면 도망치고 숨고 그랬거든요. 근데 어느 날 양희가 부모님이 멀리 여행 가셨다고 집으로 오라고 하더라고요. 웬만해선 안 가고 싶었는데…. 놀러 가서도 불안하고 조마조마했는데, 왜 나쁜 예감은 틀리는 법이 없을까요? 하필 여행지에 폭우가 쏟아져서 두 분이 새벽에 돌아오신 거예요. 양희랑 저랑 혼비백산해서는 장모님이 문을 열려고 덜컥거리는 찰나에 신발을 숨기고 옷장에 숨었어요. 정리가 안 된 옷장이어서 온몸을 구겨 넣어야 했는데, 곧 문밖으로 튕겨 나갈 정도로 아슬아슬한 상황이었죠. 그런 상태에서 문틈으로 장모님이 양희 방에 들어오신 걸 보고 있는데 정말이지 심장이 터질 것 같았어요. 아, 진짜 끔찍한 경험이었어요. 그 뒤로 절대 양희네 집에는 안 갔어요.

결국엔 안 걸린 거예요?

양희: 네. 부모님은 아직도 모르세요(웃음). 그땐 당황스럽기도 했지만 오빠가 옷으로 꽉 찬 옷장에 들어가 있는 게 너무 웃긴 거예요. 자꾸 웃음이 나오려고 해서 참느라 혼났어요. 근데 지금 생각해 보면 그날따라 엄마가 좀 이상하긴 했어요. 새벽이니까 자다 깬 척 연기를 했는데 엄마가 제 침대에 앉으

시더라고요. 얼른 가서 자라고 하는데도 아무 말도 안 하고 10초 정도 가만히 앉아 있다가 나가셨어요. 평소엔 그런 분이 아닌데…. 이상한 낌새를 눈치챘던 건가 싶기도 해요.

등줄기가 서늘한걸요…. 두 분은 언제 '이 사람과 결혼해야겠다'는 확신이 들었어요?

지상: 저는 만나는 사람이 있을 땐 늘 결혼을 전제로 연애하곤 했어요. 그래서 양희랑도 결혼하는 게 당연하다고 생각했죠. 근데 연애 5년째에 들어서면서부턴 마음이 급해지더라고요. 장인어른과 장모님은 제 존재조차 모르시고, 저는 계속 나이를 먹어가고…. 양희야 나이가 어리니까 저랑 헤어져도 새 삶을 살 수 있지만, 저는 아니잖아요. 닭 쫓던 개 지붕만 쳐다보는 꼴이 될까 봐 점점 맘이 급해졌어요.

양희: 연애 5년 차부터 오빠가 결혼 얘길 하기 시작했는데 저는 아직 어렸기 때문에 흘려듣기만 했어요. 요리조리 피해 다녔죠(웃음). 근데 7년째가 되니까 오빠가 이젠 못 기다린다고 하더라고요. 담판을 짓자는 식으로 결혼 아니면 헤어지자고 이야기하는데… 사실 결혼은 제게 너무 먼 이야기라 확신이 서지 않았지만 오빠랑 헤어지는 건 상상할 수 없었어요.

지상: 저는 연애하고 1-2년 뒤면 부모님도 뵙고 결혼 얘기도 오갈 줄 알았어요. 그런데 7년이 지나도록 아무 일이 없는 거예요. 나이 차이가 크다 보니까 이대로 두면 곧 마흔이 넘어설 것 같고…. 그래도 앞자리가 바뀌기 전엔 결혼하고 싶어서 결혼할 거 아니면 헤어지자고 한 거죠.

7년간의 우여곡절을 끝내고 결혼 2주년이 되었네요. 요즘은 어떻게 지내고 있어요?

지상: 5년 동안 해오던 코브라파스타클럽이 휴업 중이라 가게 시작하고 처음으로 쉬고 있어요. 망원동에 가게를 열고 한 자리에서만 해왔는데, 집주인에게 갑자기 정리하란 통보를 받아서 정신이 좀 없었죠. 지금은 새로운 자리를 알아보고 있지만 급변한 상황 때문에 일을 진행하는 게 쉽지 않네요. 식당 일이 워낙 힘들어서 이 길이 내 길이 맞는 건가 계속 고민도 되고요.

어떤 점이 특히 고민스러워요?

지상: 제 전공은 음식이 아니라 영상 디자인 쪽이거든요. 그래서인지 음악이나 영화, 디자인, 잡지 같은 데서 위안을 찾으면

서 지내왔어요. 근데 코브라파스타클럽이 바빠지면서 책 한 장도 펼쳐볼 여유가 없더라고요. 쉬는 날을 이틀 두었지만 경조사나 행정 업무 등을 처리하고 나면 온전히 휴식할 시간이 남질 않아요. 게다가 본가가 용인이라 결혼 전에는 왕복 4시간씩 걸려서 가게를 오갔는데, 체력적으로도 힘에 부쳤죠. 몸이 힘드니까 자꾸 졸음운전을 하게 되더라고요. 결혼식 일주일 전에도 마감하고 돌아가다 사고가 났는데 차가 거의 폐차 수준으로 찌그러졌어요. 지금은 영혼결혼식 할 뻔했다고 농담 삼아 이야기하지만 솔직히 아찔했어요. 그래도 식당은 다시 할 예정인데요. 어쩌면 이전과는 다른 방식이 될 것 같기도 해요.

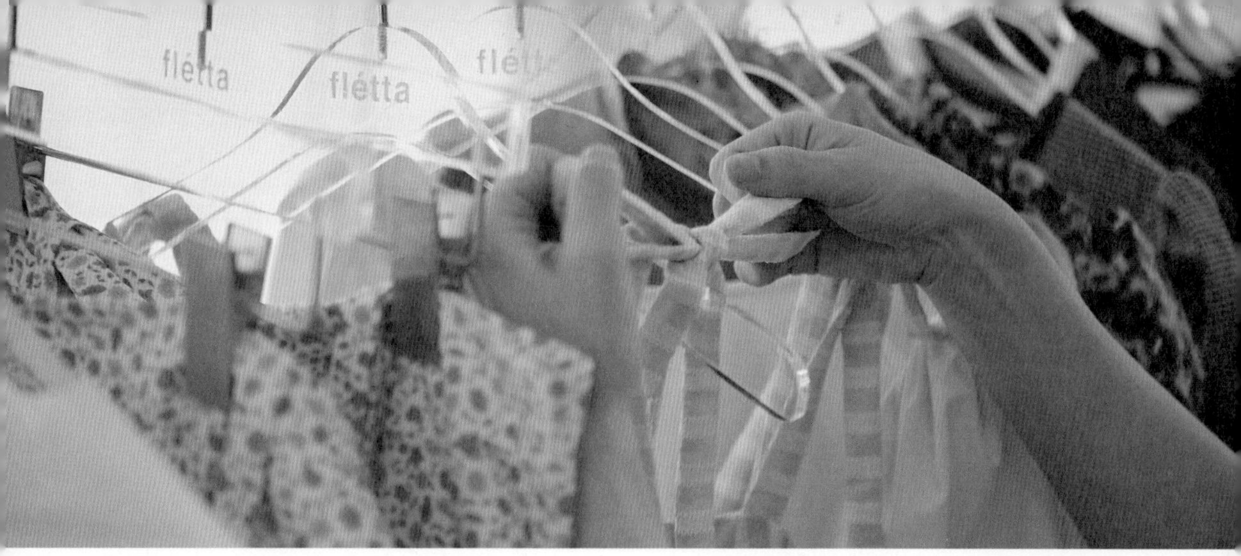

워낙 사랑을 많이 받은 공간이라 아쉬워하는 사람들이 많아요. '코켓팅', '코강신청' 같은 말이 있을 정도로 예약이 어려웠잖아요.

지상: 그런 손님들을 위해서라도 얼른 오픈하고 싶은 맘이 커요. 근데 아직 제 중심을 어디에 두어야 할지 잘 모르겠어요. 망원동 공간도 시간을 들여 신중하게 취향을 담아온 곳이었는데 다시 그 작업을 하려니까 엄두가 안 나기도 하고요. 제 취향이 트렌디한 쪽은 또 아니어서 사람들이 낯설어하지 않을 정도의 중간 지점을 찾아야 할 것 같아요.

양희: 코브라파스타클럽을 하는 동안 오빠는 정말 바쁘게 지냈어요. 휴가 기간을 가진 적은 있지만 이렇게 오래 쉬는 건 이번이 처음이죠. 좀 철부지 같은 소리긴 한데, 저는 지금 상황이 내심 좋아요. 오빠도 저도 각자 브랜드 때문에 정신없었는데 요즘은 결혼 초보다 더 신혼처럼 지내는 거 같아요(웃음). 얼마 전엔 일어나니까 커피도 내려놓고 아침밥도 차려주고, 플레따 쇼룸 준비할 때도 이것저것 같이 보러 다닐 수 있어서 좋았죠.

그러고 보니 꼭 배턴 터치 같네요. 코브라파스타클럽이 휴업하는 동안 플레따 쇼룸이 오픈했잖아요.

양희: 의도치 않게 그렇게 되었네요. 제가 직접 브랜드를 운영해 보니까 깨닫는 게 참 많아요. 업종은 달라도 그간 오빠가 왜 그렇게 바빴는지 이해가 되더라고요. 유치하게 사소한 거로 트집 잡고 토라지던 게 민망해질 정도로요(웃음). 플레따 쇼룸도 망원동에 자리 잡았는데요. 이젠 피팅하거나 바로 가봉할 수 있는 공간이 생긴 데다가 아빠 작업실이랑 나란히 있어서 더 많은 게 가능해질 것 같아요. 늘 계획 중이던 웨딩드레스 라인도 오픈 예정이라 설레고요. 제가 셀프 웨딩을 하고부터는 웨딩드레스 문의가 많았는데 피팅할 공간이 없어서 진행이 영 어려웠거든요. 얼른 선보이고 싶은데 코로나19로 결혼식이 미뤄지거나 취소되는 일이 많아서 마음을 좀 느슨하게 먹고 있어요.

쇼룸이 브랜드의 흐름을 바꾸는 것처럼 결혼 또한 인생 주기의 터닝포인트 같다는 생각이 들어요. 앞으로는 또 어떤 계획들을 세우고 있나요?

지상: 자녀 계획이요(웃음). 아이가 생기면 여행을 많이 못 다닐 것 같아서 올해 긴 여행을 하고 연말엔 아이를 가지려고 했어요. 근데 코로나19가 터진 데다가 플레따 쇼룸도 오픈했고 제가 예정에 없이 쉬게 되면서 계획이 틀어졌죠. 아마 아이는 내년쯤 갖게 되지 않을까 싶어요. 그러고 나면 또 많은 게 변하겠죠?

양희: 저희 둘 다 남자아이, 여자아이 한 명씩 낳고 싶어 해서 원하는 미래 모습은 네 식구가 되는 거예요. 60살이 되고 70살이 되어도 크게 달라지는 것 없이 지금처럼 살 것 같아요. 그러고 싶고요.

지상: 양희가 60살이면 제 나이가…. 아, 갑자기 계획이 하나 더 생겼네요. 자기 관리를 더 열심히 해봐야겠어요(웃음).

지상의 말이 옆 길로 샐 때마다 양희는 "오빠, 그만. A를 물어봤는데 왜 B까지 대답하는 거야!" 하며 그의 어깨를 흔들었다. 흔들흔들 흔들리면서도 말하기를 멈추지 않는 지상과 야무지게도 흔드는 양희. 밀고 당기는 중에도 연신 웃고 있는 둘을 보며 어찌 미소 짓지 않을 수 있을까. 서로 사랑하는 사람을 보면 하릴없이 짓게 되는 웃음이 있다. 눈썹을 팔자로 만들고 입꼬리부터 올려 웃는, 그런 웃음이다.

A Married Couple

Love Will Fill Us

제이레빗 정혜선 × 커피소년 노아람

이내 잠잠해질 거예요

서로의 틈을 보고 아픔을 보았다. 그 사이를 채워줄 것이 사랑이라고 믿는다. 일상에서 찾은 문장을 노래로 만들어 부르는 두 사람. 이제는 한 생명을 품어 부모가 될 그들이다. 커피소년과 제이레빗 혜선의 목소리에는 공통점이 있다. 행복과 위안, 따뜻한 온도와 시원한 바람 같은 것들. 대화를 나누는 내내 그들의 노래를 듣고 있는 것처럼 맑은 웃음만이 맴돌았다.

에디터 김지수　포토그래퍼 이요셉

우리는 사랑이겠죠

무던한 성격의 아람과 감정 표현이 풍부한 혜선이 만났다. 그가 커다란 꿈을 꾸면 그녀는 작은 계획을 세운다. 서로의 다른 모습을 아끼고 그 점을 닮고 싶다고 말하는 부부다. 살아가면서 또 사랑하면서 생겨나는 그들의 감정은 노래가 되어 서로를 다독인다. 결혼해서 함께 살지만 각자의 공간과 시간을 지켜주며 하루하루를 보내고 있다. 혜선의 고양이 '록시'와 아람이 키우던 강아지 '망고'도 함께 살을 맞대며 살아간다. 상대를 존중하는 마음은 단단한 신뢰에서부터 시작한다고 말하는 사람들. 노랫말에 그 마음을 담아 전하는 두 사람의 집에 방문했다.

어려운 시기에 흔쾌히 댁에 초대해 주셔서 감사해요. 요즘 어떻게 지냈나요?

혜선: 안녕하세요, 제이레빗에서 노래를 하는 정혜선입니다. 요즘은 크고 작은 음악 활동을 하고 있어요. 최근에는 결혼도 했고, 임신도 하게 되어서 임신부의 특권을 누리고 있어요(웃음).

아람: 안녕하세요, 커피소년에서 중년을 맡고 있는 노아람입니다(웃음). 요즘은 임신부의 눈치를 보며 지내고 있어요. 먹고 싶은 걸 사다 주면서 열심히 노력하는 일상을 보내고 있어요.

맞아요. 최근에 무척 축하할 일이 있었죠! 임신 소식을 알았을 때 두 분의 소감이 궁금해요.

아람: 아직 실감이 안 나고 얼떨떨해요.

혜선: 사실 올해 초부터 계획한 일이었는데요. 생각만큼 쉽게 생기지 않더라고요. 왜 안 생길까, 걱정하던 차에 알게 됐어요. 이제 막 3개월 정도 되어서 실감이 잘 안나요. 차근히 아이에 대한 정을 쌓아가는 중인 것 같아요.

축하드려요(웃음). 이제 결혼한 지 1년 반이 되어가네요. 신혼생활은 어때요?

아람: 짧은 시간이지만 아주 길게 느껴졌어요. 서로 전혀 다른 환경에서 자란 두 사람이 갑자기 함께 살게 됐으니, 조율하는 기간이 필요했던 거죠. 정말 많은 대화를 하면서 서로를 알아가는 경험을 했어요. 어떻게 보면 결혼 생활의 정점이기도 한 시간이었죠.

혜선: 저희 부부는 둘 다 뮤지션이고 작업도 집에서 하기 때문에 아무래도 더 붙어 있을 시간이 많았어요. 그래서 훨씬 오래 산 것 같은 느낌이 있죠. 아직도 신혼이라면 신혼이지만 사실 지금은 조금 오래된 부부처럼 살고 있어요(웃음). 초반에는 밥도 예쁘게 먹으려 노력했는데 요즘은 통조림을 쌓아두고, 반찬통 꺼내서 그냥 먹기도 하고요(웃음).

서로의 첫인상이 궁금해요. 어떻게 만나게 됐나요?

아람: 처음 만난 건 같은 공연에 올라갔던 때였어요. 제가 그때 혜선 씨에게 새로 발매한 앨범 CD를 줬거든요. 잘 들어주세요, 하면서 건넸는데 멀뚱히 쳐다보기만 하더라고요(웃음). 더 말을 이어가지 않으려는 느낌을 받았어요. 속으로 빨리 가, 하고 외치는 것 같았죠. 아주 도도했어요.

혜선: 변명을 해보자면(웃음) 저는 무대 뒤에 있을 때 긴장하는 타입이에요. 사실 기억이 하나도 안 나요. 이 얘기를 듣고 나중에 집에서 찾아보니까 CD가 있더라고요(웃음). 그때는 경직된 상태에서 오로지 무대를 해야 한다는 생각에 아마 정신이 없었을 거예요. 저에게 커피소년의 첫인상은 방송 프로그램 사전 미팅 때였는데요. 아주 편안하고 차분하고 하얗고 착한 사람이었어요. 교회 오빠 같은 이미지!

살아보니 첫인상과 다른 점도 있나요(웃음)?

혜선: 이렇게 개그 욕심이 있는 사람인 줄 몰랐어요. 평소엔 되게 차분한 사람인데 무대 올라서 마이크나 카메라 앞에 설

때는 집에서 완전히 다른 사람이 된 것 같아요.
아람: 이런 부분 때문에 고민이 생기기도 해요. 평소에도 즐겁고 재미있는 사람이 되고 싶은데 그게 잘 안 되네요(웃음).

오늘 처음 뵙는데 두 분에게 상반된 분위기가 느껴져요. 서로 다른 점이 있다면 어떤 걸까요?
아람: 저는 꿈을 잘 꾸고 상상을 자주 하는 사람이에요. 반대로 혜선 씨는 모든 걸 다큐멘터리로 받아들이는 경향이 있어요(웃음). 제가 가볍게 던져본 말에 혜선 씨는 늘 진지하게 답하곤 해요. 그럼 저는 "말도 못 해? 생각도 못 해? 언젠가 하자고 언젠가!" 이렇게 외치고 말아요(웃음). 저는 단순하게 맞장구를 쳐주길 바라는 건데 갑자기 심각해지는 거죠(웃음). 시장조사를 하고 검색을 하고.
혜선: 얼마 전에도 카페 같은 공간을 만들고 싶다고 하더라고요. 그래서 진짜 카페를 하고 싶으면 커피를 배우라고 얘기했어요. 쉬워 보여도 깊게 파고들면 모든 일은 다 복잡하기 마련이거든요(웃음). 하지만 이렇게 현실적인 부분을 따지게 되면 꿈에서 좀 멀어질 수도 있어요. 그런 점이 아쉽기도 해요. 요즘은 조금 둥글어도 큰 꿈을 꾸려고 하는 편이에요.
아람: 저는 현실적으로 생각하는 것을 배우고 혜선 씨는 큰 꿈을 꾸는 마음을 배우려 해요.

두 분이 연인이 된 계기도 궁금해요.
아람: 친하게 된 건 〈김제동의 톡투유〉라는 프로그램에 함께 출연하면서 였는데요. 당시에 혜선 씨가 마음이 조금 불안정한 때였어요. 건강 때문에 일을 쉬다가 복귀한 시기였으니까요. 고민 상담을 하면서 가까워진 거죠. 저 역시 불안정한 면이 있어서 대화하면서 공통점을 발견했어요. 그렇게 서로 끌린 것 같아요.
혜선: 왠지 제 고민을 잘 들어줄 것 같더라고요. 교회 오빠 같은 편안한 이미지가 있잖아요(웃음). 남에게는 말 못 할 속이야기를 털어놓으면서 의지했어요. 그러다 보니 좋아하는 마음도 커지게 됐죠.

우리가 꼭 안아도 여전히 틈이 있는데 아픈 곳을 보듬어줘도 여전히 낫질 않는데 하나이길 바래도 외롬은 사라지지 않아 완벽히 하나가 될 순 없을까 기억해요 결국엔 사랑이란 걸 사랑은 우리를 채워주겠죠

– 커피소년(with 제이레빗), '우리는 사랑이겠죠' 중에서

둘이서 함께 부른 노래 '우리는 사랑이겠죠'의 첫 마디가 생각나요. 가사에 당시 상황이 담긴 것 같아요.
아람: 서로 위로하고 공감하면서 잘 만났지만 결국엔 각자 틈이 있고 차이가 있었어요. 모든 연인이 그렇잖아요. 모든 부분이 완벽히 내 맘에 들 수는 없는 거죠. 그럴 때 필요한 것이 사랑이 아닌가, 그 사랑이 틈을 채워줄 수 있을 거라는 생각을 했어요. 그런 마음을 가사에 담았어요.
혜선: 결국에는 스스로 치유해야 하는 지점이 분명히 있어요. 상대방이 아무리 많은 사랑을 주어도 스스로 해결하지 못하면 어려워지니까요.

결혼 전과 후, 서로 달라진 점이 있나요? 뮤지션으로서 생긴 변화도 궁금해요.
혜선: 음악적으로 큰 변화가 있지는 않아요. 그보다는 삶의 모양이 바뀐 것 같아요. 결혼 전에는 무언가를 배우고 시도하려는 마음이 컸어요. 그런 원동력은 모두 불안정함에서 왔고요. 뒤처지면 안 된다는 생각으로 자기계발에 집중했어요. 그런데 결혼하고 안정을 얻으면서 조금 편안해진 것 같아요. 저를 관대하게 놓아주기 시작한 거예요. 나태해지면 안 된다는 생각은 지금도 변함없지만 조금 풀어놓고 바라보는 시선을 기르게 됐어요.
아람: 전 뮤지션으로서 변화가 크게 다가왔어요. 그래서 힘든 시기를 보내기도 했죠. 여태 지켜오던 음악 생활의 패턴이 있는데 많은 부분이 바뀌어야 했으니까요. 전에는 연애나 이별의 감정을 주제로 노래를 만들었다면 이제 그런 소재에 다가가는 일이 어려워졌어요. 이별 이야기를 할 수가 없으니까요(웃음). 이 고민이 결국 '비밀의 숲' 프로젝트로 넓혀지게 된 것 같아요.

맞아요. 최근에 유튜브 채널 〈가화만사성〉을 운영하면서 '비밀의 숲' 이벤트를 시작했어요. 여러 사람들의 사연을 노래로 만들어 선물하는 프로젝트죠.

혜선: 집에 있는 시간은 점점 늘어나는데 우리 둘이 함께 할 수 있는 일이 뭘까, 고민했어요. 그렇게 〈가화만사성〉을 오픈하게 됐죠. 가정이 행복해야 모든 것이 행복할 수 있다는 의미를 담아서 이름 지었어요.

아람: '비밀의 숲 프로젝트'는 이제 시작하는 단계예요. 제가 겪을 수 없는 일들을 간접적으로 경험하고, 다른 사람들의 마음을 공감하면서 좋은 노래를 만들어 보자는 바람을 담아 계획하게 됐어요. 세상에는 많은 사람들의 고민과 비밀 이야기가 있어요. 살아가고 꿈을 꾸고 겪어내는 수많은 사연들이 있죠. 매주 한 번씩 사연 소개와 더불어 신곡을 내려고 해요.

매주 한 곡씩이요? 너무 힘들지 않을까요.

아람: 저 스스로 채찍질하는 것도 있어요. 월간 윤종신처럼 도전해 보는 거죠. 이제 태어날 아기를 위해서, 뮤지션으로서의 정체성을 바로잡겠다는 의지도 있고요. 그런데 막상 시작하고 보니 걱정이 되기도 해요. 사연이 도착했는데 곡이 안 나올 것 같고(웃음). 막막한 와중에 혜선 씨가 옆에서 길을 터주고 있어요. 그래서 얼마 전에 한 곡을 완성했는데 아주 마음에 들어요!

궁금해요. 어떤 사연이었나요?

혜선: 첫사랑에 관한 사연이에요. 유부녀의 첫사랑 이야기라 익명이고요(웃음). 남편이 알면 큰일나죠. 발라드 장르의 잔잔한 곡이에요. 다음 주에 공개 예정이에요. 보내주시는 사연이 정말 다양해요. 사랑 이야기만 있지는 않아요. 아이나 아빠에게 쓰는 편지, 키우는 거미에 관한 사연도 있고요. 본인만의 힘든 고민도 많이 털어놓으시는 것 같아 주의 깊게 살피고 있어요.

아람: '혜선 누나 사랑해요.' 고백하는 사연도 있었어요(웃음). 아쉽게도 모든 이의 사연을 곡으로 만들지는 못해서 이메일로 회신을 드리고 있어요. 사실 이 프로젝트의 취지는 '소통'이거든요. 워낙 현재 상황이 서로 만나지 못하는 일상이 반복되고 있으니까요. 이런 식이라도 함께하면 좋잖아요.

기대 되네요(웃음). 두 프로젝트가 곧 가장이 될 두 분이 부담을 느끼면서 시작된 거라는 생각도 들어요. 태어날 아기를 위해 열심히 살겠다는 다짐 같은 걸까요?

아람: 그런 점도 있겠지만 사실 부담보다는 더 힘이 나는 것 같아요. 경험하기 전에는 무조건 무겁고 힘든 일이라고만 생각했는데 막상 무게를 져보니 새로운 원동력이 되더라고요. 이래서 결혼을 하고 아이를 가지는 걸까, 하는 생각도 들어요. 결혼 생활에서 모든 것을 다 책임질 수는 없지만 막상 감당하기로 마음먹었을 때 내가 아닌 다른 모습이 나타나는 것 같아요. 이전에는 느낄 수 없던 전혀 다른 에너지가 생겨요.

혜선: 저 역시 아직은 부담을 느끼고 있지는 않아요. 다만 결혼을 하고 나서 더 현실적인 사람이 되어가고 있어요. 원래도 그런 성향이 있었지만요. 상대방이 이상적인 사람이고 꿈꾸기를 좋아하는 사람이라서 더 그렇게 된 것도 있고요. 구체적이고 어른스럽게 상황을 바라보는 눈을 가지게 됐죠. 이게 좋은 건지는 모르겠지만(웃음) 그렇게 변하면서 아이를 맞이할 준비를 서서히 하고 있는 것 같아요.

앞으로 함께 키우게 될 아이가 어떻게 자랐으면 하나요?

혜선: 자신감 있고 명랑한 아이로 자랐으면 좋겠다는 생각을 막연히 하고 있어요. 사실 지금은 아이가 어떻게 자랐으면 좋겠다고 바라기보다는 우리가 어떻게 사랑을 줘야 할지 그 방식을 고민하고 있어요. 정서적으로도 건강하고 다른 사람에게 따뜻한 마음을 나눌 수 있는 아이가 되길 바라는 마음이에요.

이제 마지막 질문이에요. 훗날 어떤 할머니, 할아버지가 될 것 같은지 서로의 모습을 상상해 볼까요?

아람: 혜선 씨는 고양이를 잔뜩 품은 할머니가 될 것 같아요. 사실 제가 바라는 모습이에요(웃음). 만약 우리에게 아이가 생기지 않았더라면 고양이를 많이 키웠을 것 같거든요. 타샤 할머니처럼 나무랑 이야기하고 정원을 가꾸는 귀여운 할머니의 모습도 상상되네요.

혜선: 그렇게 됐으면 좋겠네요(웃음). 커피소년은 할아버지가 되어도 소년의 마음을 잃지 않고 유쾌한 마음으로 음악을 사랑했으면 좋겠어요. 지금처럼 교회 오빠 같은 이미지로(웃음) 남길 바라요.

고등학생 시절, 야자를 하고 깜깜한 밤에 집으로 돌아가면서 들었던 건 제이레빗과 커피소년의 음악이었다. 힘을 내라고 말하는 두 사람의 목소리는 그 시절 나만의 주제곡이었다. 실제로 만나본 두 사람은 노랫말과 같은 표정을 가지고 있었다. 보기만 해도 기분 좋아지는 이 힘은 무엇일까. 서로를 응원하며 눈을 보고 목소리를 맞추는 이들에게 무한한 긍정의 에너지를 받고 왔다. 그 마음이 고마워 계속 미소 짓게 되는 오늘이다.

Between Moment And Eternity

사랑하는 이야기

더 스미스The Smiths 노래 'There Is A Light That Never Goes Out'에는 "10톤짜리 트럭이 우리 둘을 치어 죽인다고 해도 네 곁에서 죽는다면 그건 내 기쁨이자 특권일 거야"라는 가사가 있다. 타인에게 그토록 빛나는 마음을 가진 적이 있는가 곰곰 곱씹는다. 아무리 생각해도 나는 잘 모르겠는데, 남들은 어떨까? 당신의 사랑을 들여다보고 싶다고 살짝 운을 떼볼까?

글 송승언, 계피, 송재경, 오지은 일러스트 오하이오 에디터 이주연

꼭 결혼일 필요 있나

결혼 비슷한 것을 위한 마음의 준비 중 | 시인 송승언

중학생 때였나, 결혼 같은 건 하지 말아야겠다고 생각했다. 나를 닮은 아이를 낳아 키운다는 건 상상만 해도 끔찍한 일이었으니까.

고등학생 때였나, 결혼 같은 건 절대로 하지 말아야겠다고 생각했다. 나는 다른 사람의 마음을 잘 돌보지 못하는 사람이니까, 같이 살면 여러모로 서로 상처만 주게 될 거라고 생각했다. 그건 귀찮은 일이고 나는 귀찮은 건 질색이니까.

대학생 때였나, 외할머니가 돌아가셨다. 나는 대학에 다니느라 자취 중이었다. 살면서 한 번도 만난 적 없는 외삼촌이 너를 데리러 갈 테니, 외삼촌의 차를 타고 장례식장으로 오라고, 어머니는 말했다. "조금 특이한 사람이다, 너처럼." 어머니는 덧붙였다. 쉰 살 넘는 동안 독신으로 살았다는 그의 자동차 트렁크에는 취미 생활의 흔적으로 보이는 잡동사니가 가득했다. 장례식장으로 이동하면서 그와 무의미한 대화를 좀 나누었는데, 그 대화 중에 알 수 없는 이유로 나는 그의 성 정체성에 관해 생각하고 있었고, 미약한 친밀감을 느꼈다. 장례식 이후 그를 다시 본 적은 없다.

그를 보았을 때, 결혼 같은 건 역시나 하지 말아야겠다고 생각했다.

이후 꽤 오랜 시간이 흘렀고, 서른 중반인 나는 지금 결혼 비슷한 것을 앞두고 있다. 결혼이면 결혼이지, 결혼 비슷한 것은 또 뭐냐고 물을 수도 있겠다. 나도 잘 모르겠다. 그러나 단순하게 생각하면, 결혼은 결국 하나의 가정을 이루고 가족이 된다는 것 아닌가?

그러면 또 가족은 뭐냐고 물을 수도 있겠다. 나도 잘 모르겠다. 그렇지만 어떠한 일에 구성원들이 공동으로 책임을 지고, 구성원들의 몸과 마음 상태를 잘 돌보고, 공동의 일을 위해 자신의 자유를 조금은 포기하고, 그러한 생활을 유지하기 위해 경제 활동을 이어 나가는… 공동체의 최소 단위를 가족이라고 나는 생각한다. 이것이 그리 틀리지 않는다면 나는 지금 결혼 비슷한 것을 통해 가족이 되려고 하는 중이다.

우리 세대가 점점 일반적인 결혼의 형태를 원하지 않는 것 같다는 생각만큼은 분명하다. 사랑하는 남녀 두 사람이 때가 되면 예식장에서 결혼식을 올리고, 구청에서 혼인신고를 하고, 보금자리를 마련해서, 아이를 낳고 또 키우는… 그런 결혼식 말이다.

번잡한 예식을 생략하거나, 예물을 생략하거나, 아이를 낳지 않거나, 법적으로 신고를 하지 않거나, 남녀 사이가 아니거나, 두 명이 아니거나… 이들 중 일부 혹은 전부에 해당하더라도 가족을 이룰 수는 있지 않을까? 사회에서 요구하는 특정한 양식에 따라야만 가족이 될 수 있는 게 아니라 공동체 구성을 위한 가치관의 합의와 그 실천만으로도 가족이 될 수 있는 세상이 와야 한다고, 나는 강력하게 주장한다. 어쩌면 이미 그러한 때는 계속해서 도착하고 있는 중인지도.

시를 쓰고, 책을 몇 권 냈다. 그것만으로는 먹고살 수 없어서 책 만드는 일을 겸하고 있다. 그것으로도 모자라 더불어 서점에서 책 파는 일도 하고 있다. 이렇게 보니 나도 참 가련한 인생이다.

갈등할 사람과 결혼 권하는 글

결혼 7년 차 | 뮤지션 계피

짧은 글이니 결론부터 말하자면, 나는 결혼한 게 적성에 맞다. 어린 시절부터 여성의 성공적인 사회생활에 대한 강렬한 의지를 품은 채 자라났지만, 가끔 '이 사람이랑 매일매일 뒹굴뒹굴 놀기만 하면서 살고 싶다.'는 생각이 진심으로 든다. 쉬고 싶기 때문이 아니라 이 사람이 좋기 때문이다. 누구와 있어도 이처럼 편안하지는 않다. 잘 긴장하고 자주 불안해하는 나는 그만큼 내 편인 사람에게서 얻는 정서적 충전을 필요로 한다. 나는 그런 내 의존성을 잘 알기에 가끔 남편이 혼자 있고 싶다고 말하면 좀 서운해도 재빨리 일어나 내 할 일을 한다.

남편과 성격이 맞느냐 하면 그렇지는 않다. 진솔한 대답을 했을 때 "우리 성격은 잘 맞아요."라고 대답할 수 있는 부부가 과연 세상에 존재하는지도 잘 모르겠다. 부부란 세상에서 가장 중요한 이해관계를 두고 대립하는 관계다. 돈도 성공도 명예도 이 이해관계보다 중요하지 않다. 그것은 '누군가가 당신에게 진짜 믿고 의지할 수 있는 사람이 되어주는 것'이라는 이해관계다. 서로 의지하면 되지 않느냐고 생각할 수 있다. 나도 그런 줄 알았다. 하지만 부부 간 혹은 연인 간의 갈등상황을 떠올려보라. 각자 자기 의견을 상대가 받아들여 주길 원하지만 열이 오른 각자의 주장과는 달리 객관적 정답이란 것은 없다. 목소리는 높아지고 갈등의 골은 깊어진다. 해소는 어느 한쪽이 먼저 진심으로 공감하면서 마음을 열어주었을 때만 일어난다. 그러면 상대도 마음이 누그러지면서 상대를 공감하기 시작한다. 반드시 어느 한쪽이 먼저 자기 생각을 내려놓고 상대를 이해하려 노력해야 한다. 누가 먼저 공감해 주느냐는 건별로 다를 수 있다. 그렇다면 번갈아 가면서 타자를 정하는 것도 가능할까? 가능하지 않다. 나도 가능할 줄 알았다. 왜 아니냐고? 말 그대로 어느 한쪽은 관용적이고 공감능력이 뛰어나지만, 어느 한쪽은 상대적으로 화가 더 많고 공감능력이 떨어지기 때문이다. 이 한계를 인정하는 데 아주, 아주 오래 걸렸다. 저번에 상대가 먼저 공감해 주었다는 사실은 화가 난 상태에서는 기억이 잘 안 난다. 기억이 난다 해도 이번 일에서 상대의 잘못이 그에 비해 대단히 크다고 느껴지기 십상이다. 전문가들에 따르면 공감능력은 훈련이 가능하긴 하지만 선천적인 면도 크고, 기본적으로는 유아기 때 받은 양육 방식에 따라 결정된다고 한다. 그렇기에 당신이 파트너보다 공감능력이 상대적으로 떨어진다면 당신 잘못만은 아니다. 내가 남편보다 공감능력이 좀 떨어지는 것도 내 잘못만은 아니라고 말하고 싶다. 내가 아무리 노랫말에 공감하고 그를 표현하는 걸로 먹고산다고 한들, 그 치열한 이해관계에서는 내 공감능력도 힘이 달린다. 사견이지만 더 의지하는 쪽이 아이러니하게도 더 상대에게 공감하기 힘들어하는 것 같다. 의지하는 만큼 기대도 크기 때문에.

쓰다 보니 결혼한 게 적성에 맞는 사람치고 좀 건조하게 표현한 건 아닌가 싶기도 하다. 풋풋한 대만영화 〈청설〉(2009)에서처럼 "사랑과 꿈은 기적 같은 것이다" 풍으로 쓰고 싶기도 했다. 다만 부부간에 지지고 볶을 시간이 충분했던 결혼 7년 차 가라사대, 그게 전부가 아니었을 뿐이다. 당신이 결혼을 고민 중이라면, 상대가 얼마나 당신과 끝까지 갈등해 줄 용의가 있는지 생각해 보라고 권하고 싶다. 미쳐버릴 것 같은 갈등을 함께 넘어왔기에 알콩달콩하던 결혼 전보다도 남편이 진심 더 좋다.

가을방학이라는 팀에서 활동하고 있는 가수다. 에세이집 한 권을 썼지만 또 언제 쓸지는 잘 모르겠고, 새 앨범은 곧 나온다. 본인 목소리를 상당히 좋아하기에 최근 녹음실에서 자뻑에 취해 있다.

RECONCILIATION
KO
Fluorescence BOY
GYEPY

Just Married, 숨가쁜 회상

결혼 1년 차 | 뮤지션 송재경

연애 9년을 풀로 채우고 올 초 결혼을 했다. 대학생이던 아내는 해외 순회공연을 다니는 포스트록 밴드 리더이자 방송사 PD가 됐고, 갓 데뷔한 인디밴드 보컬리스트이자 신입 사원이던 나는 중견 뮤지션, 아이돌 작사가, 그리고 회사의 중간 관리자가 됐다. 서로의 산전수전을 목도하며 밀어주고 당겨주고 싸우고 화해하던 시간을 거쳐 우린 각자가 원하던 만큼, 어쩌면 그 이상 성장했고, 관계가 알차게 영근 지금 가족이 됐다.

'결혼에 골인했다.'라는 표현을 많이 들었다. 결혼이 일생일대의 빅 이벤트는 맞는 것 같은데, 그 자체가 관계의 궁극적인 목표는 아닌 것 같다. 단지 각자가 추구해 온 삶의 목표들을 이루기 위한 든든한 조력자를 얻는 일이라고 해야 할까? 그리고 공동의 목표들을 만들고 조금씩 같이 이뤄나가는 것.

결혼식은 가족과 지인들을 위해 둘이 기획한 작은 축제였다. 둘 다 나름 '뮤지션 부심'이 있어 선곡에 무엇보다 신경 썼다. 바르셀로나에서 같이 본 테임 임팔라Tame Impala부터 아내의 인생 밴드 시규어 로스Sigur Ros(허니문을 아이슬란드로 이끌기도 한)까지, 그리고 루 리드Lou Reed와 M83, 본 이베어Bon Iver, 아케이드 파이어Arcade Fire, 더 내셔널The National…. 지난 10년 우리 삶을 가득 채워온 노래들이 식 내내 울려 퍼졌다. 주례가 없는 대신 서로를 위해 정성스럽게 쓴 글을 낭독했고, 축가가 없는 대신 같이 만든 곡을 기타 배틀 형식으로 연주했다. 무엇보다 특별했던 순서는 'MOU 체결식'으로, 살아가며 함께 지켜내고 싶은 평등, 환경과의 공존 등의 가치를 다섯 개 조항으로 정리하여 하객들 앞에서 낭독하고 서명했다.

최근 둘의 삶에 가장 큰 변화를 가져온 건 사실 결혼보다 고양이 '민채'다. 고단한 거리의 삶을 살던 민채와 우리가 가족이 된 건 작년 봄이었고, 올해 결혼을 통해 우리 세 식구의 본격적인 동거가 시작됐다. 고양이와 같이 살면, 얼굴의 기본 표정이 무표정이 아닌 미소가 된다. 집 안의 기본 소리가 정적이 아닌 조잘거림이 되고, 추운 날 실내 온도가 기본으로 몇 도 올라간다.

결혼 1년 차 우리의 최대 목표는 오랫동안 구상만 해 온 듀엣 프로젝트 '열섬'의 미니 앨범 발표다. 같이 살다 보니 짬이 날 때마다 각자 작업방으로 가서 조금씩 작업을 진행하고 바로 공유하고 수정, 또 바로 피드백하는 등 무척 효율적이다. 다만 작업 외에도 집에서 할 수 있는 재밌는 일이 너무 많아서(테이블마다 산을 이룬 신간들, 항상 켜져 있는 넷플릭스, 김치냉장고를 가득 메운 하이네켄 등) 시간이 없다.

2009년부터 밴드 9와 숫자들과 솔로 9로 활동 중이다. 2018년 방탄소년단의 '낙원'을 시작으로 전문 작사 활동을 겸하고 있으며 11년째 모 건설사 전략기획 담당으로 근무하는 회사원이기도 하다. 2020년부터 아내와 함께 2인조 프로젝트 밴드 열섬으로 활동을 시작할 예정이다.

염세주의자의 행복

결혼 7년 차 | 뮤지션 오지은

어쩌다 보니 결혼을 했다. '결혼을 해야겠다!'고 어디서 계시가 내려온 것은 아니다. '이만큼 잘 지냈으니 앞으로도 잘 지낼 수 있겠지? 그럼 결혼이라는 제도에 한번 묶여볼까?' 하는 마음이었다. 결혼식은 하고 싶지 않았다. 깨끗한 옷을 입고 구청에 가서 혼인신고만 하고 싶었다. 기념사진 한 장이면 좋았다. 하지만 어쩔 수 없었다. 한국의 부모님들은 로망이 많다. 결국 많은 사람을 한자리에 모으고 말았다. 고맙고도 미안한 마음. 애써 정신 승리를 해보았다. 그래, 결혼이 쉬운 일이 아니니까 험난한 길 잘 가보라고 많은 사람이 모여서 축복해 주는 거야. 축복은 멋진 일이니까.
우리는 서로 호칭을 고민했다. 그가 나를 부를 호칭 중 마음에 드는 것이 없었다. 아내, 부인, 마누라, 집사람, 안사람 등등. 어원을 찾아보면 다 어딘가 찜찜했다. 아내는 안채에 있는 사람, 부인은 한자로 며느리 부婦 자에 사람 인人 자. 그는 한동안 열심히 검색을 하더니 나를 '배우자'라고 부르기로 했다고 말했다. 짝지을 배配, 짝 우偶, 놈 자者. 즉, 내 짝지의 어른스러운 말. 나는 그를 '동거인' 또는 '룸메이트'라고 부른다. 어딘가 종속되는 느낌이 없이 깔끔하게 느껴져서 좋다.
까만 강아지와 함께 살고 있다. 자동으로 엄마, 그리고 아빠가 되었다. 둘이 집에서 뒹굴뒹굴하는 것도 좋았지만 셋이 조용한 밤거리를 산책하는 것은 더욱 좋다.
우리는 영원이라는 말을 믿지 않지만 그래서 잘 지낼 수 있다고 생각한다. 관계란 깨지기 쉬운 화병 같아서 서로 조심하고 아껴야 오래 갈 수 있다는 것을 항상 생각한다. 언제 나를 떠날지 모른다는 불안감이 그래서 나쁜 것만은 아니다. 지나치게 푹신한 소파는 허리를 망가뜨린다. 염세주의자의 행복은 이런 모양이다.

글을 쓰고 음악을 만드는 사람.

This Is Our Own Space

지지고 볶고 투닥거리는 사이

누군가 부부는 얼굴 보는 것도 지겹다고 했는데 꼭 그렇지만은 않은 것 같다. 아침에 일어나 저녁까지 붙어 있는 사이, 늘 같은 일상을 반복하지만 매일 다른 하루하루. 부부가 함께 요리를 하고 물건을 만들고 책을 보는 곳들. 지지고 볶고 투닥거리는 동안, 그럼에도 피어나는 무언가가 있다.

에디터 김지수 사진 부부웍스, 나영밀작업실, 고스트북스

우리 동네 잡화점

부부웍스

소박하고 개성 있는

처음엔 컴퓨터 수리점 앞, 한 평짜리 구두수선 자리에서 놀이처럼 시작했어요. 그러다 컴퓨터 수리점으로 자리를 옮기고 몇 해가 지나도록 한 골목만 지키고 있네요. 부부웍스는 저희 부부가 도쿄 여행을 떠났을 때 우연히 발견한 작고 소박한 상점들의 느낌이 담긴 공간이에요. 성격이 아주 다른 두 사람이 하나하나 손으로 만들고 고치면서 완성했죠. 작가들과의 협업으로 물건을 들이지만 일부는 직접 만들기도 하면서 꾸리고 있어요.

남해의 한편에는

남해로 내려오기 전까지는 상점과 집이 가까워서 일과 생활의 분리가 점점 어려워졌어요. 부부웍스 공간에 애정을 쏟는 동안 그만큼 집은 안식을 기대하기 어려운 공간이 된 거죠. 진짜 나의 취향들을 막상 집에서는 찾아볼 수 없는 시간이 길어지며 지쳐가던 중이었어요. 그렇게 자연과 가까운 곳을 찾다가 남해와 인연이 닿게 됐죠. 건축이나 설계에 대한 지식도 없이 제가 며칠 밤새워 계획한 집이라, 살림집은 근사하다기보다 단순히 제 바람만을 담은 공간에 가까워요. 새롭게 짓고 있는 '끽다생활'이라는 이름의 별채 공간도 전문가들과 고민해가며 천천히 계획하고 있어요. 작지만 저희 부부에게 그랬듯이, 차茶 마시는 동안의 위안을 경험하실 수 있는 공간이 되었으면 해요.

게으른 오후

수원과 남해를 오가며 생활의 균형을 잡아가고 있어요. 수원의 공간을 정리하고 남해에 도착하면 늦은 밤이 되는데, 그 시간에 바로 잠들기가 싫을 만큼 남해에서의 시간은 애틋하죠. 차를 마시고 좋아하는 영화를 다시 보면서 마루에서 잠드는, 천천한 시간을 보내고 있어요. 남편은 틈 나는 대로 잡초를 뽑고 나무에 물을 주기만 해도 즐거워해요. 저는 대부분 찻자리에서 시간을 보내고 킨츠기나 옻칠 작업을 하고요.

쌓여가는 시간 속에서

묵묵히 한길을 걸어오신 분들에 대한 존경심이 있어요. 노포에 대한 로망도 있고요. 시간을 두고 차곡차곡 쌓아온 것들이 좋아요. 8년 된 부부웍스도 남해의 찍다생활도 온갖 세월의 흔적을 고스란히 받아내어 낡을 수밖에 없는 곳이에요. 저희 부부와 함께 자연스레 나이 들어 가겠죠. 자연스러운 색과 촉감의 기물 속에서 차 한잔, 바다를 마주하고 농로를 걷는 짧은 산책으로 위안을 얻는 시간이 찾아오길 바라요.

A. 경기 수원시 팔달구 중부대로 239번길 48
H. bouboworks.com
O. 화-토요일 12:00-20:00, 월·일요일 휴무

느린 식사를 하는 곳

나영밀작업실

시간을 들인 음식들

나영밀은 느린 음식을 만드는 곳이에요. 조미료나 통조림 같은 제품이 아니라 자연 재료를 사용하기 때문에 시간이 필요한 음식이 많아요. 식사 후 속이 편했으면 하는 바람으로 최대한 자연스러운 방식으로 요리하고 있어요.

잃어버린, 나를 위한 산책

오랫동안 다닌 직장을 그만둔 후에 거제에서 결혼 생활을 시작하게 됐어요. 어쩌다 전업주부가 되어 처음엔 무척 답답했어요. 혼자 있는 시간이 많아져서 식사도 간단히 때우게 되고 아는 사람도 없어서 우울해지더라고요. 많이 울었어요. 저녁에 퇴근하는 남편만 기다리는 사람이 되었더라고요. 그래서 스스로 일을 만들기로 했어요. 아침엔 산으로 산책을, 점심엔 손님에게 내어주 듯 차려 먹기로 한 거죠. 그렇게 점점 저 자신을 다시 찾아간 것 같아요. 남편이 잘 먹어줘서 요리하는 게 재미있기도 했고요.

거제도, 이름 없는 곳들

거제에는 작고 이름 없는 바닷가가 많아요. 유명하지 않아 숨겨진 아름다운 곳들이 있죠. 입구도 찾기 힘든 숲길을 들어서면 편백나무가 우거져 있어요. 아늑하고 편안한 풍경을 심심찮게 볼 수 있어요. 저희는 이런 장소가 좋아요. 시간이 나면 양손에 커피랑 접이식 의자를 챙겨 그냥 나가죠. 마음에 드는 자리에 가만히 있기만 해도 아무것도 부럽지 않은 멋진 하루를 보낼 수 있어요.

두 사람의 부엌

저는 항상 마음이 바쁜 사람이에요. 반대로 남편은 느긋하고 여유로운 성향을 가진 편이고요. 서로 다른 성격의 두 사람이 식당 운영을 하다 보니 정말 많이 다투게 됐어요. 그동안 몰랐던 서로의 모습을 함께 일하기 시작하면서 알게 된 거죠. 12년을 지켜본 사람인데 제가 알던 사람이 아니더라고요(웃음). 어쩌면 부부가 함께 주방에서 일한다는 건 서로를 돌아보는 시간인지도 몰라요. 자신이 얼마나 이기적인지, 또 상대는 나를 얼마나 이해해 주는지 깨달아 가는 시간이죠.

같이 있는 오늘

나영밀은 늘 둘이 함께 요리하는 공간이 되었으면 해요. 서로 지지대가 되어 따뜻한 식사를 만드는 곳으로요. 동네 어르신들이 저희가 부부인지 오누이인지 많이 물어보는데요. 점점 닮아간다는 뜻이겠죠(웃음)? 사이좋은 오누이처럼 좋은 것과 아름다운 것을 나누며 나이 들고 싶어요.

A. 경남 거제시 옥포대첩로6길 43 1층
H. instagram.com/nym_workroom
O. 월요일·목-일요일 11:00-21:00 (브레이크 타임 15:00-17:30), 화-수요일 휴무
(자세한 일정은 인스타그램 참고)

작품이 모여드는 서점

고스트북스

체스를 두는 부부

안녕하세요, 고스트북스의 김인철, 류은지입니다. 때는 2014년, 류은지 작가는 대구에서 '진메이킹 클래스'라는 책 만들기 수업을 진행하고 있었어요. 진로에 고민이 많던 저(김인철)는 정말 내가 하고 싶은 걸 해보자는 생각에 수업을 수강하게 되었고, 류은지 님을 만나 첫눈에 반하게 되었어요(웃음). 저의 적극적인 대시가 이어지다 결국 사랑의 열매를 맺었죠. 깊은 고민 끝에 둘 다 공통으로 좋아하는 '책'이라는 매체를 다루면 시너지가 생길 수 있겠다는 생각에 책방을 열기로 했어요. 저희 부부는 한적한 시골 마을에 살면서 책방 운영과 함께 자전거를 타는 취미 생활을 즐기고 있어요. 요즘은 같이 체스를 두기도 해요. 둘 다 이제 시작해서 잘하는 건 아니지만 못하는 애들끼리 하는 싸움이 더 재밌잖아요? 하하. 서로를 이기기 위해 열심히 배우고 있습니다.

고스트북스라는 이름

오랜 시간 자신만의 시간을 들여 작업을 이어가던 창작자는 어느 날 작업실을 나와 긴 시간 공들여 만든 무언가를 세상에 발표합니다. 저희는 그 모습이 마치 유령 같다고 생각했어요. 오랫동안 자신의 존재를 감추다가 작품을 발표하는 순간 자신을 드러내는 모습. 그런 창작자에 대해 이야기해 보기로 했고 그렇게 고스트북스가 탄생하게 되었어요. 열심히 만들어진 무언가가 이곳에 모여 있죠.

우리가 남이가!

고스트북스는 주로 독립출판물이나 일반 단행본은 물론, 국내에서 쉽게 접할 수 없는 해외 출판물도 들여와 소개하고 있어요. 저희만의 기준으로 주제나 테마가 흥미로우면 입고하는 편인데요. 한 가지 바라는 게 있다면 대구에도 개인 작업을 통해 독립출판을 하시는 분들이 더욱 많아졌으면 좋겠어요. 팔이 안으로 굽는다거나 '우리가 남이가!'까지는 아니지만 그래도 고스트북스가 위치한 대구 지역 내의 문화적 다양성을 항상 기대하고 있거든요.

자전거를 타고 체스를 두고

주변의 다양한 창작가, 서점 운영자분들과 함께 늙어가는 상상을 해요. 지금처럼 자신이 하고 싶은 일들을 하면서요. 좋은 에너지를 주고받는 그들과 늘 함께할 수 있는 것만큼 좋은 일이 또 있을까요? 저희 부부가 살아가는 모습도 지금처럼 잘 유지하고 싶어요. 20년, 30년이 지나도 함께 자전거를 타고 체스를 두고 싶어요. 그땐 지금보다 실력이 조금은 늘어 있지 않을까요?

A. 대구 중구 경상감영길 212, 3층
H. ghostbooks.kr
O. 월요일·수-일요일 13:00-20:00, 화요일 휴무

마스다 미리 | 《결혼하지 않아도 괜찮을까?》

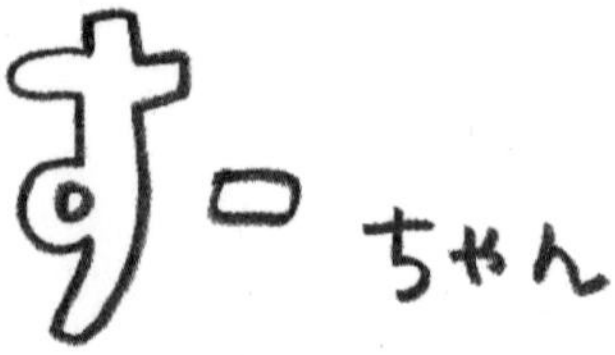

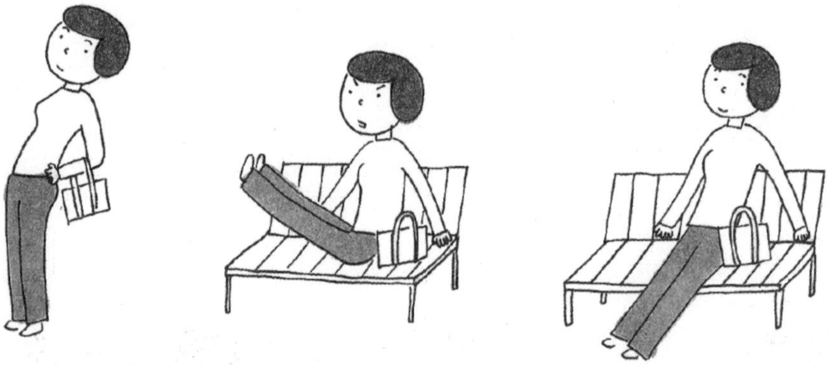

수짱은 그저 수짱일뿐

서른넷에 《지금 이대로 괜찮은 걸까?》로 우리 곁을 찾아와 《나답게 살고 있습니다》에서 마흔이 된 수짱. 오늘은 《결혼하지 않아도 괜찮을까?》에 담긴 서른다섯의 수짱을 만나러 간다. 우리 모두의 이야기일 수도 있고 어느 누구의 이야기일 수도 있는 수짱의 시절을 슬몃 엿볼 셈이다. "결혼하지 않아도 괜찮을까?" 왕왕 지독한 질문에 사로잡히는 수짱에게 그리스 철학자 디오게네스Diogenēs가 한 말을 살짝 건네보면 어떨까. "결혼은 젊어서 하면 너무 이르고, 나이 들어 하면 너무 늦다." 어쩌면 결혼에 정답이란 건 없는지도 모른다고 속삭여 봐야지.

글 **이주연** 자료 제공 **이봄**

어떻게 될까…
하고.

수ー장

결혼도
하지 않았고,
아이도 없는데

봄
양배
추네.

오늘도
힘들었어~

수자장 →

할머니가
된다면
…

슈퍼마켓

때때로
불안해진다.

뚜우~

나,
괜찮을까?

오늘은
뭘 먹을까.

이대로
나이를 먹으면

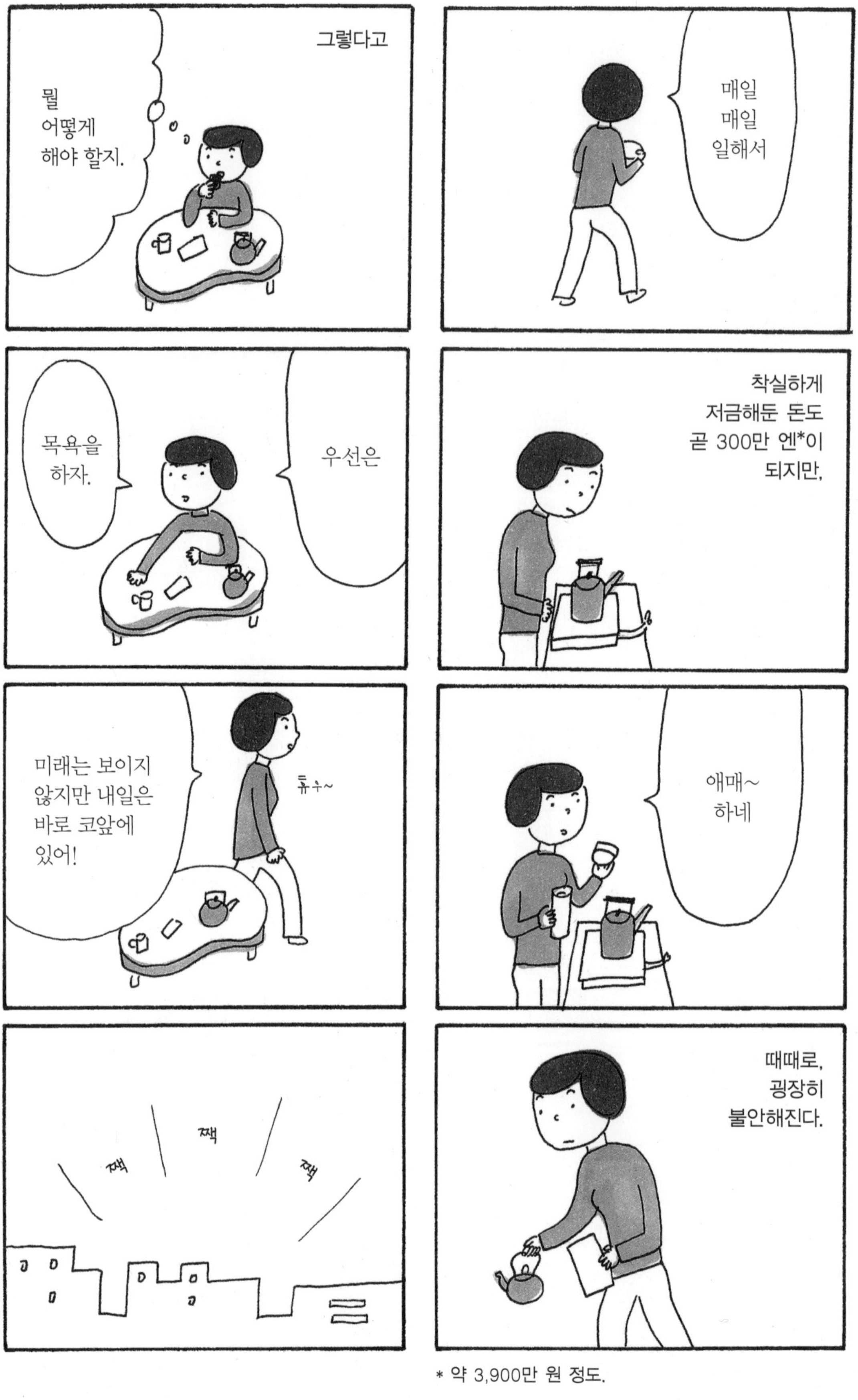
그렇다고
뭘 어떻게 해야 할지.
매일 매일 일해서
우선은
목욕을 하자.
착실하게 저금해둔 돈도 곧 300만 엔*이 되지만,
미래는 보이지 않지만 내일은 바로 코앞에 있어!
휴우~
애매~ 하네
짹
짹
짹
때때로, 굉장히 불안해진다.

* 약 3,900만 원 정도.

결혼을 하거나
하지 않거나

수짱은 때때로 불안하다. 결혼도 하지 않았고 아이도 없어서 '이대로 나이를 먹으면 어떻게 될까….' 하고 걱정한다. 수짱이 일을 마치고 집에 돌아와 종종 하는 일 중 하나는 지금 이 삶에 대한 고민이다. "나, 괜찮을까?" 하고.

수짱은 왕왕 엄마의 전화를 받는다. 밥은 잘 먹는지, 저금은 잘 하는지 묻는 안부 전화지만 대화의 끝은 늘 짜증과 설움이다. 수짱은 엄마가 자신을 사랑한다는 걸 안다. 수짱도 엄마를 사랑한다. 하지만 언젠가부터 엄마의 한마디 한마디가 잔소리처럼 들리는 건 왜일까. 조리사 면허증도 있는 수짱이 밥을 제대로 챙겨 먹지 않을 리가 없는데, 결혼만큼 노후 걱정도 한창인 수짱이 저금 한 푼 안 했을 리가 없는데. "조금씩 하고 있어요."라는 말에 "조금이 얼만데?" 하고 다시금 들려오는 물음이라니. 수짱이 눈썹을 추켜올리고 "전화 끊어요." 하고 말하는 것도 무리는 아니다.

수짱은 가끔 결혼하는 상상을 한다. 하지만 상상 속의 수짱과 미지의 파트너는 어쩐지 곤란한 모습이다. 결혼 즉시 양가 부모를 수발해야 할지도 모른다는 생각에 두 눈을 질끈 감는 수짱. 늦어지는 결혼이 다소 걱정되긴 하지만 수짱은 낙담하지도, 좌절하지도 않는다. 그저 수발해 줄 신부를 찾고 있는 사람과 만나지 않도록 조심할 뿐이다. 하지만 수짱의 머릿속 우중충한 미래는 그리 오래 가지 않는다. 특유의 건강한 사고로 금세 밝고 말갛게 바꿔놓는 까닭이다. "할머니가 되어도 나는 나. 다른 누구도 아니야. 누구의 것도 아니야. 그럼, 그럼." 그녀의 노년은 이토록 주체적인 모습이다.

엄마가 되거나
되지 않거나

주변 친구들이 하나둘 결혼하기 시작하더니 이제 수짱 주변에도 조카들이 심심치 않게 생겨난다. 수짱은 오랜만에 친구를 만났다. 작년에 결혼해서 임신한 친구 마이코다. 주말도 없이 일만 하던 워커홀릭 마이코는 아이를 가진 뒤 매진하던 일도 그만두었다. 그녀의 삶은 결혼과 태교에 맞춰져 전혀 다른 사이클로 돌아가기 시작했다. 둘의 화두는 마이코와 수짱의 일상에서 금세 아기로 흘러가고, "아기 이름은 정했어?", "아기 침대는 샀어?" 같은 대화에 닿는다. 이 모든 이야기의 끝엔 조금 피곤해하는 수짱이 있다. 결혼한 많은 부부가 아이를 갖고, 이내 아이가 중심이 되는 삶을 살아간다. 수짱은 마이코를 만나고는 알 수 없는 쓸쓸함을 느낀다. 결혼한 친구들을 만나고 나면 언제나 느끼는 감정이다. 수짱은 이 쓸쓸함의 이유를 미래에서 찾는다. '외톨이 할머니가 되어 있을 자신'을 생각하면, 어쩔 수 없이 외로워지는 것이다. 수짱은 혼자일지 모를 노후를 자주 생각한다. 그럴 때마다 건강하게 오래 사는 게 최고라고 다짐하지만, 이내 아픈 사람에게 이 말이 얼마나 나쁘게 가 닿을지 곰곰 곱씹는 게 수짱답다. "누가 원하고 싶어서 치매에 걸리겠어? 원하는 사람이 있을 리가 없잖아. 건강하게 오래 사는 게 최고라니. 혹시 누군가에게 상처를 주는 말일지도." 수짱은 무엇보다 타인을 앞서 생각하는 사람이다. 생각이 깊은 할머니가 되겠다는 그녀의 다짐을 읽어가다 보면, 고개를 끄덕이며 이미 충분히 그런 사람인 것 같다고 생각하는 나를 만나게 된다.

내가 걸어온
인생 전부가
이대로
할머니가 되어서
쓸데없는 것이
되어버리는 걸까?
슈퍼마켓
일도 돈도
없고
이런 생각을 하면
누워서 거동도
못하는데
의지할 사람도
없다면
파가
싸네.
몸이 떨린다.
그렇다면,
나의 인생,

음~
한 달에 1만 엔 이라~
한 달에 1만 엔씩 노후대비 적금을 들면…
노후가,
멀리 있는 미래가,
현재, 여기 있는 나를 구차하게 만들고 있다.
좋아, 결정했어.
노후 따위!!
요가 시작하자!

어찌 되었든
수짱은 수짱

수짱의 쉬는 날은 부엌에서 시작된다. 이제는 어엿한 삼십 대 중반. 그녀는 카페에서 점장으로 근무하며 몇몇의 직원, 그리고 아르바이트생들과 함께 일한다. 일에 대한 애정과 책임감이 강한 그녀는 쉬는 날에도 카페 생각을 머릿속에서 떼어놓지 않는다. 새로운 메뉴를 만드는 게 즐거운 수짱의 워라밸은 이런 모양이다. 오늘도 보드에 나만의 레시피를 적으며 새 메뉴를 개발하는 데 열심인 수짱. "옥수수 통조림 하나, 베이비콘 네 개…." 신선한 메뉴를 개발하면 지점에 있는 상사의 결정을 통해 새 메뉴를 카페 메뉴에 추가할 수 있다. 그런 보상 때문에 그녀는 쉬는 날에도 즐겁게 움직인다. 매일 출근하는 카페에 새 메뉴, 신선한 레시피를 선보이기 위해.

수짱은 여느 직장인처럼 쉬는 날을 행복해한다. 내 시간을 내가 원하는 대로 쓸 수 있다는 그 간단한 사실만으로도 쉽게 기뻐지는 수짱이다. "자신의 시간을 자신이 원하는 대로 쓸 수 있는 즐거움. 어른이 되어서야 겨우 손에 넣었다. 그래서 더 이상, 잃고 싶지 않다. 결혼을 하더라도 이런 시간은 확보하고 싶어." 결혼이라는 화두는 삶의 즐거움 틈으로 눈치도 없이 끼어들곤 한다. 기쁠 때나 슬플 때나 결혼이라는 난제가 언제나 수짱 곁에 머무는 모양이다. 수짱에게 결혼은 무찔러야 할 적이 아니라 미묘하게 신경 쓰이는 가시 같은 것이다. 수짱은 독신이나 비혼을 외치지는 않는다. 그렇다고 결혼하기 위해 대단한 노력을 하는 것 같지도 않다. 지극히 평범해서 더 궁금한 그녀의 삼십 대는 어떻게 피어나고 또 어떻게 저물까? 그녀의 사십 대는 어떻게 만들어지고 완성될까? 특별하지 않아서 더 궁금한 보통 사람 수짱에게서 우리의 모습을 본다. 수짱의 어제, 오늘, 내일이 행복하길 바라는 건 그래서 당연한 일인지도 모른다.

《결혼하지 않아도 괜찮을까?》
마스다 미리 | 이봄

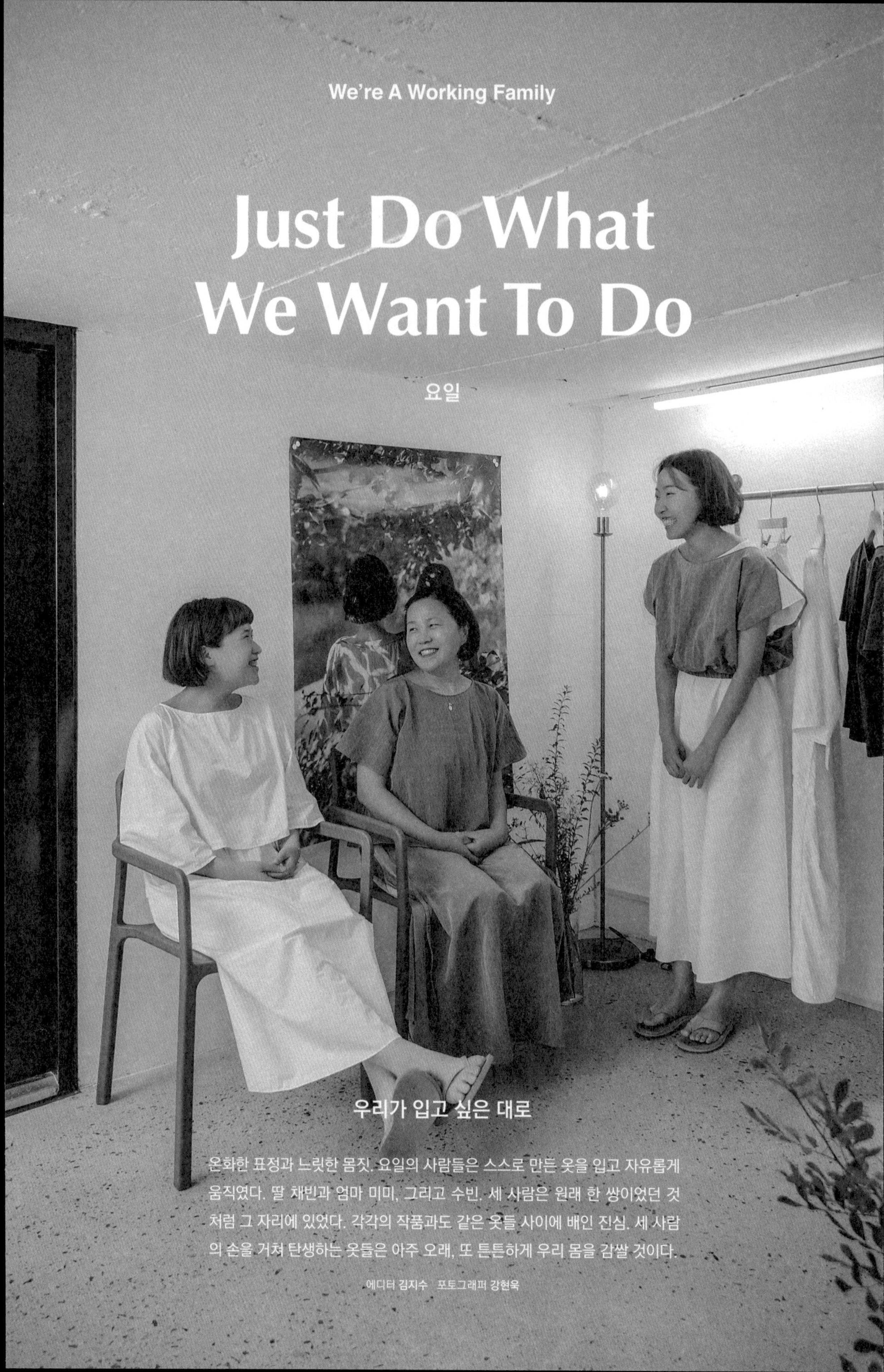

We're A Working Family

Just Do What We Want To Do

요일

우리가 입고 싶은 대로

온화한 표정과 느릿한 몸짓. 요일의 사람들은 스스로 만든 옷을 입고 자유롭게 움직였다. 딸 채빈과 엄마 미미, 그리고 수빈. 세 사람은 원래 한 쌍이었던 것처럼 그 자리에 있었다. 각각의 작품과도 같은 옷들 사이에 배인 진심. 세 사람의 손을 거쳐 탄생하는 옷들은 아주 오래, 또 튼튼하게 우리 몸을 감쌀 것이다.

에디터 김지수 포토그래퍼 강현욱

온몸을 활짝 펴고

'요일은 아름답고 자유로울 수 있는 모든 방향으로 나아갑니다.' 요일의 옷을 보고 있으면 온몸을 활짝 펴고 뛰어가는 사람의 모습이 떠오른다. 그 어떤 장애물도 없이 멀리 나아가는 자세, 바닷속을 유영하는 어떤 이미지가 스쳐 간다. 요일의 대표이자 디자이너인 채빈과 수빈은 서로가 품고 있던 옷에 관한 불만을 털어놓으며 가까워졌다. 옷으로부터 생긴 진심 어린 고민은 가장 편안하고 편견 없는 옷을 만들고 있다.

"각자가 가진 몸의 모양은 다양한데 시중의 옷들은 아주 한정적인 사이즈에 맞춰져 있다는 생각이 들었어요. 좀더 다양한 국적과 체형의 사람들에게 어울리는 옷을 만들고 싶었죠. 저희는 되도록 편안하고 자유롭게 움직일 수 있는 형태를 구상해요. 거기에 한국적인 미감도 함께 담으려고 하죠. 요일은 한 사람에게 꼭 맞는 옷을 만드는 여성 테일러 숍이기도 한데요. 직접 와서 본인의 체형을 재고 잘 맞는 옷을 찾으실 수 있답니다."

오래도록 입을 수 있는 옷. 요일의 옷은 자유롭고 편안한 모양을 갖지만 원단을 택하고 디자인하는 과정은 그 반대다. 이들에게 옷은 한 철 입고 버리는 것이 아닌, 오래도록 사람의 곁을 지키며 감싸는 든든한 보호막 같은 것이다. 그래서 옷의 재료를 선택하는 기준은 언제나 까다롭다. 그렇게 사람이 옷을 선택할 수 있는 순간에 집중한다. 어떤 이의 몸을 알고, 그에 맞게 만드는 일만큼 그 사람을 위한 디자인은 또 없을 테니까.

미미와 채빈, 엄마와 딸

"안녕하세요, 요일에서 마름질을 맡고 있는 미미입니다(웃음). 처음엔 아이들에게 도움이 될까 하고 가볍게 시작했는데, 어느새 제 일이 되었네요. 오랫동안 주부로 살다가 처음으로 마음 설레는 일을 찾았어요. 요일의 옷이 만들어지는 과정을 보면서 옷을 대하는 태도도 달라졌고요. 동시에 저 자신을 바라보는 시선 역시 변했어요. 잘 맞는 옷은 결국 내 몸을 아끼게 만든다는 걸 알게 됐죠."

채빈은 오래전부터 엄마를 미미로 불러왔다. 딱히 명확한 이유는 없지만 미미 역시 그 애칭을 자연스럽게 받아들이고 있다. 친구처럼 서로를 대하는 그들에게서 이름 모를 애정이 엿보인다. 환경을 위해 좋은 옷을 조금씩 사서 오래 입는 습관을 들이던 모녀. 그 마음은 요일을 채우는 하나의 가치관이 되어 가고 있다. 옷을 대하는 엄마의 습관이 딸에게, 옷을 만드는 딸의 마음이 엄마에게 전해진다. 채빈이 만드는 옷을 가장 처음 입는 사람은 언제나 미미였다.

"신기하게도 요일의 옷이 가장 잘 어울리는 사람은 언제나 미미였어요. 그래서 우리의 피팅 모델은 늘 미미죠. 미미는 어린 나이에 결혼을 했기 때문에 사회로 나가 일한 적이 없는 사람이에요. 이제야 자기 일을 찾은 것 같아요. 집에서는 항상 집안일 하는 모습만 봐왔기 때문에 다른 일에 열중하는 엄마의 모습을 처음 봤는데요. 지치지도 않고 열정적인 사회초년생처럼, 늘 열심히 요일의 일을 도와주고 있어요(웃음)."

가장, 나 다울 수 있는 자리

편안한 옷은 우리에게 어떤 역할을 할까. 저마다 안정감을 느끼는 옷의 형태는 다르겠지만, 결국 옷 안에서 내가 가장 나다워야 한다는 점은 같다. 자연스러운 움직임을 주고 너른 마음을 가지게 하는 것. 매일 입는, 나를 감싸는 틀을 한 번 더 다듬어 볼 필요가 있다. 요일은 이제 오랫동안 꿈꿔왔던 새로운 프로젝트를 그리기로 했다. 시간을 넘고 넘어 자유로울 수 있는 무언가를 상상한다.

"요일은 앞으로도 지금 세운 가치를 지켜갈 거예요. 좀더 널리 알려질 수 있는 방법을 찾아가면서요. 가까운 미래에 구상하고 있는 프로젝트가 있어요. 나와 엄마를 넘어 할머니 세대까지 함께 입을 수 있는 옷을 새롭게 디자인하려 해요. 할머니가 저희 나이였을 때 입고 싶으셨던 옷을 만들어드리고 싶어요. 그때 감정을 불러올 수 있는, 새로운 경험을 선물할 수 있는 시간을 계획하고 있어요."

H. yoil.kr

We're A Working Family

Their Firm Steps Are Like Trees

언커먼하우스

나무처럼, 단단한 걸음

굽이굽이 한참 길 위를 달렸다. 서울과 멀지 않은 일산에 이런 동네가 있었나, 꼭 먼 시골에 온 것 같다고 느꼈을 때 마침내 언커먼하우스의 쇼룸에 도착했다. 공장 같은 큰 건물 안에는 잘 짜인 가구들이 제자리를 지키고 있었다. 유럽의 빈티지한 집에 방문한 것 같은 생경함, 동시에 가족이 함께 일하는 풍경의 편안함이 함께 있었다. 아버지와 딸, 잊지 않고 이어가는 마음. 그 사이에 존재한 단단함을 보았다.

에디터 김지수 포토그래퍼 강현욱

아주 느리게, 정성스럽게

40년간 가구를 만들어온 아버지와 나무를 공부한 딸이 있다. 언커먼하우스는 오랜 세월을 지켜온 가구 공장의 문을 닫고 은퇴한 아버지 정명희 선생과 그의 딸인 정영은 대표가 함께 세운 국내 가구 브랜드다. 한국의 틀에 박힌 집 구조 속에서 조금은 특별한, 자기다운 공간을 만들고 싶은 딸은 아버지가 손수 만든 가구가 필요했다. 그렇게 가족을 위한 가구를 하나 둘 만들다 아버지는 가구업계에 복귀하게 되었고 딸은 다시 나무와의 인연을 이어가기로 했다.

경기가 좋던 그 시절 일산, 고양, 파주에는 가구단지가 줄을 이루며 국내 가구 시장에 활기가 넘쳤다. 이케아 같은 다국적 리빙 가구와 먼 나라에서 들여오는 저가 가구가 유행하면서 그때의 명성은 추억으로만 남게 된 오늘이지만 그 속에서 언커먼하우스는 거꾸로 걷는 방식을 택했다. 일산의 깊은 곳, 투박한 공장 건물 속에 숨겨진 쇼룸과 시간이 오래 걸리는 제조 방식까지. 아주 느리지만 정성스러운 걸음이다. 이들이 만든 모든 과정은 시대를 거스름과 동시에 반드시 오래 이어질 무언가를 만들고 있다.

"유동인구가 많은 곳에 겉으로만 멋진 공간은 지양하고 싶었어요. 제조지에서 모든 거품을 빼고 오롯이 우리 가족이 만든 가구만이 주목받을 수 있는 방법을 고안했죠. '오늘은 언커먼하우스 쇼룸에 꼭 한번 가보자.'라는 의지를 가지고 찾아오실 수 있도록 만들고 싶었어요. 그렇게 인정받는다면 이것이 우리만 할 수 있고 또 우리만 가진 강점이 될 거라고 생각하면서 늘 동기부여하고 있어요."

아버지와 딸

아버지의 가업을 잇는 딸의 이야기란, 동화같이 느껴지기도 한다. 우뚝 선 나무가 하나의 가구가 되기까지, 아버지와 딸이 함께 일하며 동료가 되기까지. 그들을 잇는 것은 어쩌면 단단한 나무의 힘이 아닐까. 그녀가 나무를 좋아한 이유는 가구 공장 옆, 작은 집에 살던 어릴 때의 추억에 있을지도 모르겠다. 바닥부터 수도, 시멘트 공사까지 아버지가 직접 만든 집에는 나무로 새긴 날들. 도장에 딸의 이름을 새겨 선물했던 작은 나뭇조각들까지. 집안 곳곳을 장식했던 그 날의 기억들은 오늘도 이어진다.

"딸아이가 가구 일을 할 줄은 꿈에도 몰랐기에 아직도 새롭게 느껴질 때가 있어요. 전공을 나무 관련 쪽으로 택했을 때도 가구 일을 이어받아 할 거라고는 생각 못 했죠. 우리네 인생은 참 한 치 앞을 내다볼 수 없는 재미난 여정인 거 같아요. 매일 세상에서 제일 귀한 딸과 얼굴을 맞대고 작업할 수 있다는 게 얼마나 행복한 일인지 경험해 보지 않으면 잘 모르실 거예요(웃음)."

어린 시절엔 부모님 직업을 머나먼 남의 일처럼 바라봤다. 밖에서 어떤 일을 하시든 집에선 오롯이 부모이고 가족이기 때문이다. 하지만 어른이 되어 일을 시작하고 나서 부모님의 인생에 일이 아주 큰 부분을 차지한다는 것을 자연히 알게 됐다. 언커먼하우스의 아버지와 딸은 같은 일을 하며 서로의 고충을 누구보다 잘 알기에 더욱 안타까운 마음이 든다. 깊은 이해와 앎은 부녀 사이를 더욱 애틋하게 만든다.

"아버지는 제가 태어난 순간에도 가구 하는 사람, 지금도 가구 하는 사람이에요. 사실 제조업은 변수가 정말 많아요. 어릴 때 비가 많이 오거나 강풍이 불면 새벽부터 가구 공장 시설물 관리로 걱정하시던 기억이 있어요. 당시에는 아버지의 부지런함과 수고에 대해 깊게 생각해 본 적이 없었어요. 가업을 이어받고 있는 이제야 아버지가 겪었던 그간의 노고에 대해 생각해 보는 요즘입니다."

대물림하여, 오래도록

한 세대가 끝나면 자연히 또 다른 세대가 열린다. 하지만 그 전의 것들이 사라지는 것은 아니다. 보이지 않는, 곳곳에 남은 과거의 흔적은 앞으로의 시간에 영향을 주는 법이다. 정성스레 잘 만들어진 가구는 그 주인과 함께 나이 들어 간다. 언커먼하우스의 내일은 '대물림'이라는 이름으로 '한국형 빈티지 가구 문화'를 이끌어 가는 일에 집중한다. 언커먼하우스에게 '흔하지 않은 가구'는 유행에 흔들리지 않는 심플한 디자인을 가지면서도 현대인의 생활감이 잘 반영된 가구다. 그렇기에 대물림해서 쓸 수 있는 빈티지 가구의 요건을 고려해 가구를 만든다. 내가 사라지더라도 튼튼하게 남아 내 소중한 이들을 지켜줄 가구, 오늘이 끝나도 내일을 살아갈 가구가 여기에 있다.

"아버지의 일을 딸이 이어간 것처럼, 우리가 만드는 가구가 대를 이어 물려받아 쓸 수 있는 가구가 되었으면 해요. 더 나아가 언젠가 대물림 시스템이라는 키워드가 국내에서 고유명사처럼 자리 잡아서 선대의 좋은 것을 후대에 대물림하는 문화가 존경받고 널리 알려질 수 있는 계기가 되었으면 하죠. 자식에게는 그런 역사를 품은 가구가 오랜 가족 간의 사랑을 기억할 수 있는 매개체가 되어줄 것이고 후세와 이어질 가족 간의 끈끈한 연의 연결고리가 될 거라고 생각해요."

H. linktr.ee/uncommonhouse

To Experience Any Life

어떤 삶, 어떤 선택

두 아이의 엄마, 몇 권의 책을 쓴 사람. 한수희 작가의 글엔 평범하지만 오래 곱씹게 되는 말들이 있다. 어쩌면 그 문장엔 인생을 생각하게 하는 힘이 있을지도 모르겠다. 그가 가족과 함께 살아가는 삶은 어떨까. 몇가지 질문을 던져봤다. 허무맹랑하고 뜬금없는 물음에 담담한 답을 내놓는다. 마음을 치는 문장이 머리 속 언저리를 맴돈다.

에디터 **김지수** 사진 **한수희**

변두리 가정주부

한수희입니다. 변두리 가정주부로 저 자신을 소개하는 것이 가장 마음 편합니다. 남편과 함께 작은 사업을 하고, 틈틈이 글을 쓰고 책을 냅니다. 15살, 13살의 아이 둘을 키우고 있습니다. 매일 정신없이 일하고 밥을 지어먹고 늘어져서 이렇게 살면 안 되는데 생각하다가 또 일하고 밥을 지어먹고 늘어져서 이러다 죽겠다고 생각하는 평범한 나날의 연속입니다.

결심하지 않았던 결혼

누군가는 첫눈에 반해 결혼을 결심한다고 해요. 결혼하기로 마음먹은 순간은 어땠나요?

저는 결혼을 결심하지 않았어요. 항상 결혼하고 싶었거든요. 어린 시절부터 왠지 모르게 마음이 불안했기 때문에 어딘가에 단단히 묶이고 싶은 마음이 컸습니다. 남편도 빨리 결혼해서 독립하고 싶은 사람이었기 때문에 쿵짝이 잘 맞은 거지요. 다만 저는 결혼식이 너무 싫었습니다(지금도 저를 위한 모든 의례 또는 이벤트가 싫어서 장례식도 제발 하지 말라고 남편에게 부탁할 정도입니다). 결혼식이나 웨딩드레스에 대한 환상은 전혀 없었지만, 남자친구가 말레이시아의 아름다운 해변에서 청혼해 주었을 땐 정말 기뻤습니다. 그걸로도 충분했기 때문에 결혼식은 안 할 수만 있다면 안 하고 싶었어요. 그래도 부모님 쪽 사정이 있으니까 '마음대로 하세요, 저는 거기 서 있어 드리겠습니다.'로 나갔습니다. 메이크업도, 웨딩드레스도 대충 예식장에서 했고, 웨딩 사진도 찍지 않았어요. 결혼식이 끝나자 끝났다는 것만으로도 기뻐서 춤이라도 추고 싶었습니다. 그런데 결혼식이 끝나고 신혼여행을 다녀오고 남자친구가 진짜 남편이 되고 나니, 이상한 감정이 밀려오더군요. 그 전까지도 좋았는데, 이건 진짜 너무 좋은 겁니다. 불안 요소가 완벽하게 사라진 느낌이랄까요. 이런 안정감은 처음이었습니다. 이제 우리는 빼도 박도 못 하는 가족이 되었다는 느낌이 너무 좋았습니다. 물론 그 감정이 허상에 불과했다는 사실은 나중에 깨닫게 되지만….

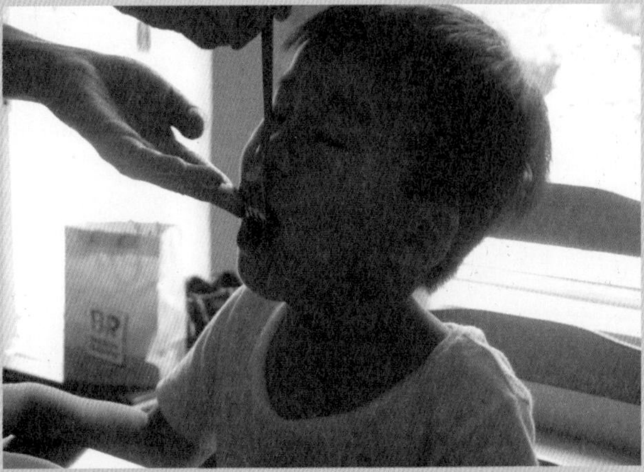

사랑의 여러 종류

평생 한 사람만 사랑할 수 있나요? 터무니없지만 현실적인 물음이기도 해요.

아니요. 불가능하겠지요. 사랑이라는 감정은 개인이 컨트롤하기 힘든 거니까요. 지금 당장 조지 클루니가 저에게 푹 빠졌다며 도망가자고 하면 일단은 도망가고 볼지도 모릅니다. 안타깝게도 그런 일은 일어나지 않았네요. (앞으로도 일어나지 않겠지요.)

저는 결혼하고서도 다른 상대를 좋아하거나 사랑하거나 바람을 피우는 사람들을 알고 있습니다. 부도덕한 사람들이라기보다는, 열정이 많고 부지런한 사람들이라고 생각해요. 솔직히 자기중심적이거나 좀 어리석은 사람일지도 모른다는 생각도 합니다만, 누군들 그 함정을 피해 갈 수 있을까요. 결혼을 하고 나이가 들고 나서 사랑에는 여러 종류가 있다는 것을 알게 되었습니다. 누군가를 사랑하는 것이 그 사람을 원하고 소유하고 싶은 것이라고만 생각한 적도 있었어요. 하지만 누군가를 사랑하는 것은 그 사람을 걱정하는 것, 그 사람을 불쌍히 여기는 것, 그 사람에게 힘이 되어주고 싶은 것, 그 사람이 잘되기를 바라는 것일 수도 있더군요. 그러자 세상 사람들이 생각하는 남녀 간의 사랑이라는 문제가 제게는 그렇게 중요한 것으로 보이지는 않게 됐습니다. 그건 연민일 수도 있고, 의리일 수도 있고, 인류애일 수도 있는 거죠. (하지만 조지 클루니 씨는 아직 유효합니다.)

전대미문의 사건

두 아이의 엄마로 살아가고 있어요. 나 아닌 누군가를 보살피는 일이 어떤 것인지 궁금해요. 부모는 어떻게 되어가는 걸까요?

저는 지금도 부모가 되어가고 있는 것 같아요. 너무 어렵습니다. 정말, 너무 어려워요. 아이가 태어나고 자라면서 겪는 모든 일들이 저에게는 전대미문의 사건이거든요. 내 인생이면 망해도 내가 어떻게든 수습하면 되지만, 내 선택으로 타인인 아이들의 인생이 잘못될까 매 순간 등골이 서늘합니다.

제 아이들은 공부를 잘 못합니다. 그냥 못하는 정도가 아니라 정말로 열등생입니다. 공부를 못한 적이 없는 저희 부부는 지금 당황하고 있습니다. 공부를 못하는 상태가 어떤 것인지, 공부에 관심이 없고 공부할 의지도 없는 상태가 어떤 것인지 우리는 모르지요. 아마 이것이 우리에게 열린 새로운 세계일 거라고 생각합니다. 우리가 가진 무지함과 오만함에서 벗어날 기회일 수도 있고요. 바닥인 성적만이 아니라, 이 아이들이 가진 다른 좋은 씨앗들을 볼 수 있는 어른이 되어주기 위해서 노력하고 있습니다. 제가 좋은 부모인지, 아이들을 잘 키우고 있는지는 정말 모르겠습니다. 가끔 최악일지도 모른다는 생각도 해요. 하지만 정확하게 말할 수 있는 것은, 아이들을 키우지 않았더라면 저는 지금의 제가 아닐 거라는 점이에요. 아이들을 키우면서 저는 저 자신을 좀 덜 중요하게 생각하게 되었습니다. 타인을 이해하려 노력하게 되었고, 제가 만든 성이 아닌 세상에 더 가까이 다가가게 됐죠. 나만 잘 살면 그만, 의 마음이 아니라 내가 죽어도 내 아이들이 살아갈 세상에 더 관심을 갖게 되었다고 할까요.

온전한 나 따위

가족과 함께 온전한 자신을 지키는 일은 어떤가요? 결혼하고 엄마가 된다는 건 오로지 '나'만 존재하던 결혼 전의 생활을 뒤로하고 점점 포기해 가는 것과도 같다고 볼 수도 있어요. 그 사이의 균형은 어떻게 찾아가는 걸까요?

결혼과 육아 때문에 뭔가를 포기한 적은 없는 것 같고 그렇게 생각하고 싶지도 않습니다. 결혼도 내가 하고 싶어서 했고, 아이도 내가 낳고 싶어서 낳았으니까요. 그때그때 하고 싶은 걸 하면서 살아왔기 때문에 별다른 후회는 없어요.

사실 부부 생활과 육아와 살림과 일 사이의 균형은 아직 찾지 못했어요. 시소 타기나 파도 타기를 하면서 사는 것 같아요. 어느 때는 이쪽으로 기울어졌다가 아이구 이러면 안 되지, 하면서 다른 쪽으로 기울어지죠. 그렇게 왔다 갔다 하다 보면 가끔은 양쪽이 평행을 이룰 때도 있고, 하지만 곧 다시 다른 쪽으로 기울어져요. 아직 저는 저 자신과 제 아이들과 제 일만 돌보면 되지만 곧 제 부모님을 돌봐야 할 날이 올 겁니다. 아, 인간의 삶이란 이런 것이로구나, 하는 것을 느끼고 있어요. 그러니까 온전한 나 따위는 사치에 불과하지요. 그런데 사실 저는 이런 게 마음에 듭니다. '온전한 나'가 어디 있겠어요? 이러는 나도 나, 저러는 나도 나라고 생각합니다(그래서 제 책의 제목 《온전히 나답게》를 볼 때마다 여전히 씁쓸합니다).

가끔 그런 생각을 해요. 한 번뿐인 이 삶에서 우리가 해야 할 일이 있다면 뭘까? 아무리 생각해도 그것은 '경험'뿐이더라고요. 이 삶을 경험하는 것. 지구에서의 길지 않은 삶을 최대한 누리는 것. 결혼 생활이라는 것도 제게는 엄청난 경험이에요. 이런 버라이어티한 경험을 하게 해주어서 결혼이라는 것에 감사하고 있습니다. 그렇다고 해도 다시 태어나면 결혼 따위는 안 하고 싶지만요(웃음).

We're Always Gonna Have Fun

매일의 오늘을 위해서

어떤 부부를 떠올리면 마냥 웃게 된다. 오송민이와 이지보이. 보기만 해도 기분 좋아지는 사람들이다. 차분한 아내와 발랄한 남편. 유쾌한 일상 속에 숨겨진 진짜 부부 생활이 궁금했다. 단순하지만 진솔한 이야기가 쏟아져 나온다. 아, 이런 결혼 생활은 정말 부럽다.

에디터 **김지수** 사진 **오송민, 이지훈**

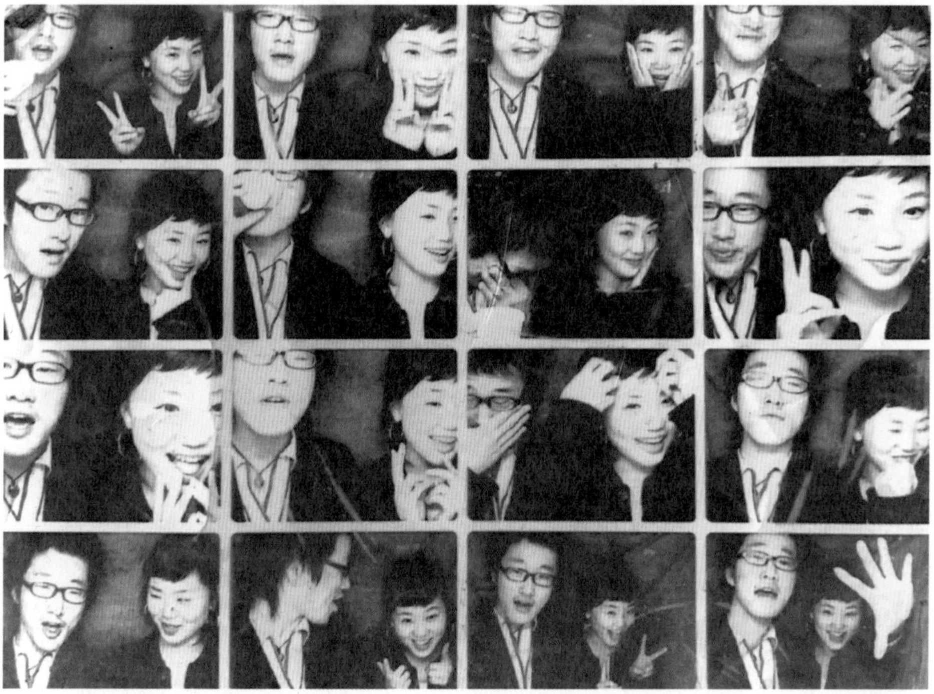

싸이월드 친구에서

안녕하세요. 오송민, 이지훈입니다. 저희는 고등학교 2학년 때 싸이월드에서 만났어요. 서로의 패션 클럽을 구경하다가 그 안에서 친해졌죠. 20대 내내 친구로 지내다가 연애를 시작하고 결혼까지 하게 됐어요. 지금은 동갑내기 부부로, 함께 '원파운드'라는 인터넷 쇼핑몰을 운영하고 있어요. 최근에는 BABY, THIS IS GOOD이라는 브랜드를 런칭해 의류와 인테리어 소품을 만들고 있답니다.

더 나은 사람

결혼 전에는 누구나 상상하는 결혼 생활이 있어요. 실제로 살아보니 어떤가요? '진짜' 결혼 생활이 궁금해요.

송민: 생각한 것보다 훨씬 좋은 게 결혼이에요. 저희는 모든 걸 같이 하면서도 따로 해요. 덕분에 더 자유롭고 편안해졌어요. 주말에는 서로 뭐 하고 싶은지 물어봐요. 제가 집에서 하루 종일 영화 보고 싶다고 하면, 남편은 쇼핑을 하고 싶다고 해요. 그럼 별다른 고민 없이 각자 하고 싶은 일을 하려고 해요. 모든 걸 함께 하면서도 따로 한다는 점이 좋은 거죠.

지훈: 결혼 전과 후를 비교해 보면, 장단점이 확실히 느껴져요. 먼저 좋은 점은 심리적으로 안정감이 생긴다는 거예요. 오롯이 혼자였을 때 가질 수 없던 평온한 감정이 있어요. 생각하던 것보다 기대 이상의 자유로운 삶을 살고 있다는 것도 좋은 점이에요. 저와는 반대로 차분한 아내의 태도를 지켜보며 저도 조금 더 나은 사람이 되는 것 같은, 학습효과를 누리기도 하고요(웃음). 저는 질서가 없는 사람인 반면 아내는 차분한 사람이거든요. '이거다'라고 딱 집어 말씀드리긴 어렵겠지만 어찌되었든 아내를 관찰하며 저도 점점 정돈되어 가고 있어요. 하지만 결정적인 단점은 사고 싶은 것을 마음대로 살 수 없다는 거죠!

동료와 친구, 그리고 부부

함께 일하는 부부의 이야기가 궁금해요. 가족이 아닌 동료로서 서로는 어떤가요?

송민: 각자 프리랜서로 지내다가 같이 일을 하니 너무 불편했어요. 반대 의견이나 업무에서의 잘잘못이 동료로서가 아닌 연인으로서 기분 상하게 되는 것이 힘들었죠. 아마 처음엔 친구 관계로 시작해서 더 그랬던 것 같아요. 서로 거침없이 말하는 습관이 있거든요. 반대로 그렇기 때문에 쉽게 기분이 풀리기도 하고요. 동료 이전에 친구이자 부부이다 보니 생기는 장점이자 단점인 것 같아요. 초반에 어려운 시기를 겪다가 이제는 업무를 완벽히 나누고 공간도 분리하면서 나름 노하우가 생겼어요. 모든 일을 함께 하지 않고, 각자 잘하는 일을 담당하게 되면서 의견 충돌을 줄여갔죠.

지훈: 맞아요. 처음 3-4년간은 각자의 역할 없이 잡히는 대로 일을 하다 보니 많이 싸웠어요. 물론 싸우는 이유는 사소한 것들이었죠. 이는 최수종, 하희라 부부라도 피할 수 없다고 생각합니다. 하지만 대부분 둘이 앉아서 맥주 한잔 마시면 풀리는 일들이었어요. 시간이 지나고 경험이 쌓이면서 점차 각자의 역할이 또렷해졌어요. 의견을 맞춰야 하는 일이 줄어들면서 지금은 전혀 다투지 않아요.

사소한 안심

결혼을 실감하는 순간들, '결혼해서 다행이다.' 하고 느낀 때는 언제였나요?

송민: 결혼해서 다행이라고 느끼는 순간은 불쑥 찾아오는데요. 밖에서 친구들과 놀고 같은 집으로 돌아올 때, 남편의 장바구니에 내가 좋아하는 맥주가 들어 있을 때, 약속을 잡지 않아도 주말에 같이 무엇이든 할 수 있을 때 결혼해서 다행이라고 느껴요. 요즘은 가까운 미래를 함께 그리면서 강원도에서 한 달 살기를 목표로 잡았어요. 먼 미래만을 바라보느라 지금의 행복을 미루지 않으려 해요. 작은 계획을 세울 때도 함께라는 게 참 기쁘죠.

지훈: 아플 때예요. 몇 년 전 밤에 컵라면을 먹고 더워서 웃통을 벗고 잤는데, 새벽에 복통이 심하게 찾아온 적이 있어요. 제 고함 소리를 듣고 아내가 득달같이 일어나 돌봐줬어요. 면허는 있지만 운전을 무서워했는데 어디서 나온 용기인지 저를 차에 태워 병원으로 데려다 주더라고요. 제 인생의 가장 큰 감동이자, 위안이었어요. 결혼 잘했다고 확신하는 순간이었죠. 가끔 아내가 의식조차 못 하는 저의 불손한 행동을 바로잡아 줄 때가 있어요. 연애할 때는 이런 부분 때문에 많이 다퉜어요. 왜 자꾸 나를 바꾸려 하냐며 막 대들었죠. 하지만 결혼하고 보니 아니고요, 아내 말 틀린 것 하나도 없습니다. 요즘은 아무 소리 안 하고 바로 잡힙니다. 이 부분은 아내도 인정해 주었어요. 저보고 스펀지 같은 사람이라고 해요(웃음). 심지어 처제한테도 인정받았어요! 아주 뿌듯해요. 점점 더 나은 사람이 되는 거니까요.

지키려는 마음

결혼은 평생을 약속하는 일이기도 해요. 영원한 사랑이 있다고 믿나요? 이 결혼의 시작이 궁금해요.

송민: 결혼을 마음먹은 건 생각보다 사소한 순간이었어요. 언젠가 둘이서 아주 멀리 맛집에 찾아갔는데, 차가 많이 막히는 날이었어요. 짜증날 법도 한데 남편이 가는 내내 신나게 노래를 부르더라고요. 도착해서는 사람이 많아서 결국 먹을 수가 없었는데 "우와~ 여기 진짜 맛집인가 봐~ 다음에 꼭 다시 오자!" 하더라고요. 이런 사람이어서 결혼하고 싶었어요. 똑똑하고 돈 많고 그런 거 말고, 어떤 상황에서도 즐거움을 찾는 사람이요. 살아보니 그래요. 결혼을 한다는 건 평생 함께 살겠다고 약속한 것은 맞지만 영원한 사랑을 믿어서는 아니에요. 영원한 사랑으로 지키려는 마음이 있다고 믿는 거죠.

지훈: 단순한 이유예요. 아내가 제 첫사랑이기 때문이죠(웃음). 지금의 저는 영원한 사랑을 믿고 있어요. 열여덟 살, 처음 사랑한 마음이 서른일곱 살의 지금과 크게 다르지 않아요. 표현하는 모양은 다를지 몰라도 그 마음만은 같으니까요.

bonpon |《아직 즐거운 날이 잔뜩 남았습니다》

Do You Know

지금이 가장 즐거운걸요

도쿄의 미술 전문학교에서 만난 bon과 pon. 학원제가 끝난 후 뒤풀이를 하던 중, 모두가 모인 자리에서 bon은 끼고 있던 반지를 pon에게 건네며 고백했다. 그렇게 시작된 이들의 인연은 60대가 된 지금까지도 현재 진행 중이다.

글 이주연 사진 웅진지식하우스

'bonpon511'?

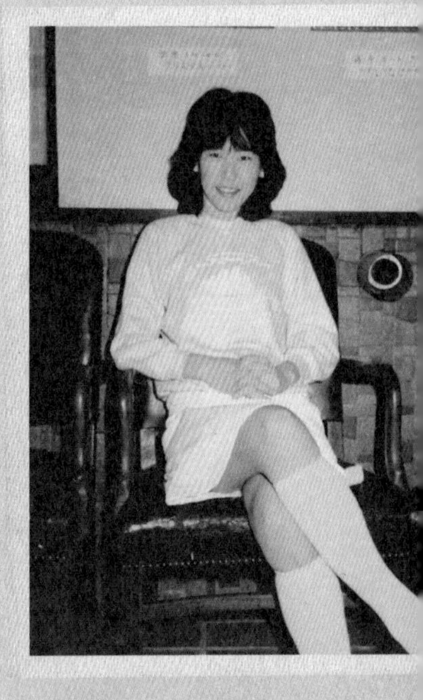

나란한 그레이 헤어

pon은 52살에 흰머리 염색을 그만두었다. 머리에 염증이 생기고 머리카락이 하나둘 빠지기 시작했는데 의사가 말하길 '염색 때문'이란다. 그녀는 이른 나이에 백발을 택했지만 반려자 bon이 일찌감치 흰머리였기 때문에 크게 두렵지는 않았다. 그녀는 머리도 집에서 직접 자른다. 미용실에 다녀와도 마음에 들지 않아 다시 손보곤 했기 때문에 직접 자르는 게 훨씬 편하다. bon과 pon은 새하얀 머리카락을 단정하게 정리하고 패턴이나 색상을 맞춘 옷을 나란히 입고는 카메라 앞에 선다.

우리가 입는 방식

pon이 입고 싶은 옷의 느낌을 결정하면 bon이 거기에 맞춰 어울릴 만한 옷을 고른다. 똑같은 옷을 입지는 않지만 소재나 패턴, 색상을 맞춰 조화를 이루는 식이다. 외출하기 전에 옷을 고르는 이 시간을 두고 이들은 말한다. “젊은 시절, 결혼 전의 설렘이 살짝 돌아온” 것 같다고. bon과 pon에게 이 설렘을 안겨준 건 딸이었다. 함께 외출할 때 분위기가 유독 다르던 아버지 bon에게 좀더 멋있어 보였으면 좋겠다는 바람으로 이것저것 요구하다 보니 함께 외출할 땐 같은 계열의 색상이나 비슷한 패턴의 옷을 선택하면서 분위기를 맞추게 됐다.

자연스러운 결

머리색도 옷도 비슷해서일까, 하나부터 열까지 잘 맞는 부부처럼 보이지만 여느 커플과 마찬가지로 자주 다투고 익숙해지는 과정을 거쳐 왔다고. "처음부터 잘 맞는 부부였다고는 생각하지 않아요. 서로에게 익숙해지고, 서로를 받아들이면서 지금의 관계가 만들어진 거죠." 함께 나이 들어간다는 건 이런 게 아닐까. 엮이기 전엔 그저 남이던 사람이 공기처럼 자연스러운 존재가 되는 것.

H. instagram.com/bonpon511

아직 즐거운 날이 잔뜩 남았습니다
bonpon | 웅진지식하우스

bonpon의 규칙

가격 | 값비싸고 좋은 옷이라면 얼마든지 있지만 저희는 연금 생활을 하고 있기 때문에 한 벌에 5천 엔(5만 원) 이하로 정해 놓고 사고 있어요.

색상과 패턴 | 우리는 흑백, 파랑, 빨강 옷이 가장 잘 어울려요. 주로 선택하는 패턴은 깅엄체크나 도트, 또는 줄무늬죠.

소재 | 다림질을 좋아하지 않아서 집에 다리미가 없어요. 그래서 다림질이 필요 없는 옷만 사고 있죠.

양말 | 빨강, 파랑, 검정 세 가지 색에 한정해요. bon은 한 가지 더, 회색도 가지고 있어요.

Let Me Introduce 'Baekjutto'

백주또를 소개합니다

원래는 신화 이야기를 하려던 거였는데, 그보다 길 이야기를 먼저 하게 된다. 제주에선 길도 신화다. 오름도 돌도 나무도 모두 신화를 담고 있다. 한라산은 제주도를 만든 신 '설문대할망'의 베개였고, 한라산 영실의 기암들은 그의 아들들인 오백장군의 모습이라는 이야기는 무척 유명하다. 그 외에도 1만 8천여 신이 있다는 신화의 섬 제주에서 내가 가장 좋아하는 신이 둘 있다. 그중 한 신을 느긋하게 소개해 보려고 한다.

글 정다운 사진 박두산

내가 사랑하는 금백조로

사는 동안 잘 살다가 죽고 나면 흔적 없이 증발하고 싶다는 소망을 가지고 있다. 어디에도 내가 살았던 증거가 남지 않는다면 가장 좋겠다. 사람들의 기억에서도 깔끔하게 사라진다면 정말 정말 좋겠다. 아주 진지한 소망이다. 하지만 이 마음은 금백조로를 달릴 때면 가볍게 바뀐다. 금백조로 위에서 어김없이 생각한다. 내가 혹 머지않은 때에 죽는다면, '성산읍 공설 묘지'에 묻히고 싶다고. 성산읍 공설 묘지 주소는 금백조로 548. 살아생전 금백조로를 주소로 갖지는 못하겠지만, 죽어서 주소지가 그것이라면 꽤 괜찮은 죽음 같다. 묘지에서도 길이 보이고 길에서도 묘지가 보인다. 가족과 친구들이 나 보러 오는 길, 금백조로를 달린다면 얼마나 좋은 일인지. 그렇다면, 흔적을 남기더라도 조금은 괜찮을 것 같다고도 생각한다. 물론 금백조로를 벗어나면 그 생각은 곧장 사라지지만.

또, 이 길을 내가 혼자 운전해서 달릴 수 있다는 것만으로도 운전면허 따길 잘했다는 생각도 한다. 그만큼 이 길을 좋아한다. 처음 금백조로를 달린 건 10년 전쯤의 일이다. 물론 그때는 길 이름도 몰랐다. 서귀포시에서 제주시 방면으로 향하는 중이었다. 우연히 아주 아름다운 길을 달리게 되었고, 소들이 노니는 오름을 하나 발견해 차를 세웠다. 그리고 그 오름에 올랐다. 계획에 없던 일이었다.

오름 꼭대기에 앉아서 바람을 맞는 기분이 정말 좋았다. 7박 8일 제주 여행 중 가장 좋은 순간이었다. 이 푸른 섬에 나와 그 당시 애인이었던 지금의 반려자 둘만 있는 것 같았다. 그때 오름 위에 드러누워 하늘을 보던 그가 말했다. 언젠가 우리가 싸우고 자기가 집을 나간다면, 그래서 연락이 되지 않는다면, 이리로 오라고. 바로 이곳, 백약이오름 꼭대기에 앉아 있을 거라고. 우리는 그러면서 이런 이야기를 마저 나눈 것 같다. 아무리 크게 싸워도 이곳에 앉아 있으면 나쁜 감정들이 잦아들 것 같다고. 이 길을 달려서 오름을 오르는 동안, 오름 분화구 가장자리를 걸으며 저 아래 조용히 굽이치는 길을 바라보는 동안, 얕은 미움 같은 건 간단히 사라질 것 같다고.

그때는 금백조로의 의미를 몰랐을 때다. 나중에 길 이름을 알고 난 뒤에도 '이 길은 어떻게 이름도 이토록 아름답지?'라고만 생각했다. 그 이름이 제주 신화 속 인물인 '백주또'의 다른 이름 '금백조'에서 따왔다는 걸 안 건 아주 최근의 일이다. 백주또는 제주 신화 속 인물이며, 그 시대에 남편과 이혼을 한 신여성이다. 지금 와 생각해 보니, 그 길을 달려 화해를 하러 간다는 건, 대단히 역설적이면서 근사한 일인 것 같다.

백주또를 소개합니다

금백조로는 제주 북동쪽 한라산 자락에 있는 마을 송당리에서부터 남동쪽 수산리까지 이어지는 18.3킬로미터에 이르는 길이다. 그리고 '금백조'는 금백조로가 시작되는 송당리 본향당에서 모시는 신이다. '백주또'라는 이름으로 더 자주 불린다. 백주또는 제주 신화에 등장하는 여성들의 원형 같은 인물로, 농사와 가정을 돌보는 신이다. 그는 서울 남산에서 태어나, 제주로 왔다. 그리고 제주에서 소천국이라는 남성과 만나 결혼을 한다. 이후 많은 자손을 낳고 그 자손은 또 자손을 낳는다. 그들은 각 마을로 흩어져 마을의 수호신이 된다. 백주또는 모든 마을 수호신들의 어머니다.

백주또와 소천국은 사냥과 채집을 하며 생활을 꾸려가다가 자식이 많아지자 송당 마을에 자리 잡고 백주또의 의견에 따라 농사를 짓기 시작한다. 어느 날 소를 몰아 밭을 갈고 있는 소천국에게 지나가던 스님이 밥 한술을 청한다. 워낙 먹성이 좋은 소천국은 자신을 위해 마련된 밥 아홉 동이와 국 아홉 동이를 스님에게 내어준다. 설마 다 먹을 거라고 생각하지 못하고 내어준 것인데 스님은 그걸 모두 먹어 치운다. 배가 고픈 소천국은 밭을 갈던 소를 잡아먹는다. 그러고도 여전히 배가 고파 옆집 소까지 잡아다 먹었다. 그리고 자기 몸에 쟁기를 달고 밭을 간다.

그 모습을 본 백주또는 몹시 화가 나 남의 집 소까지 훔치는 도둑과는 함께 살 수 없다며 별거를 요구한다. 그리고 사는 곳과 살림을 모두 나누고 따로 살기 시작한다. 지금에 대입하면 이혼한 것과 같다. 신화 속 시대 배경에서는 흔하지 않은 일이었을 것이다. 처음에 별 관심 없이 백주또 이야기를 듣다 '이혼했다'는 부분에서 귀가 커졌다. 농사와 가정을 돌보는 신이라고 해서, 모두 꾸역꾸역 결혼 생활을 이어간 것은 아니었다. 백주또는 소천국과 헤어지던 당시 임신 중이었고, 그 아이는 태어나 영웅신 '궤네깃또'가 된다.

백주또 만큼이나 내가 좋아하는 신은 '가믄장아기'. 아버지가 "누구 덕에 잘 살고 있느냐?"고 물었더니 언니인 은장아기와 놋장아기는 "부모님 덕"이라고 답하는데 가믄장아기는 "부모님 덕도 있지만 내 복으로 잘 산다."라고 대답하고 집에서 쫓겨난다. 내 복으로 잘 산다고 말하는 신이라니! 짝짝짝! 가정을 돌보는 신이 이혼을 하는 것도, 길흉화복을 주관하는 운명의 신이 집에서 쫓겨나는 것도 모두 예상 밖의 전개. 고리타분할 것 같은 신화가 가끔은 현실보다 앞서 나갈 때가 있다. 이럴 때 조금 통쾌한 마음이 들곤 한다.

신화처럼 사는 일

신화는 전달하고 싶은 이야기나 교훈을 담고 있기 마련이지만, 오늘날 그 이야기를 접하는 이가 각자의 생각에 따라 다르게 받아들이고 해석할 수도 있다. 나는 백주또를 반려자가 잘못을 저지르거나, 반려자와의 관계에 문제가 생겼을 경우 이성적 판단을 할 줄 아는 신으로, 가믄장아기를 착한 딸 콤플렉스를 극복하고 삶을 주도적으로 사는 신으로 이해했다.

그렇게 읽어내고 나니 백주또나 가믄장아기가 신화 속에 나오는 신이 아닌 바로 내 옆의 친구 같기도 하다. 그들과 닮은 나의 가까운 친구들이 떠오르기도 한다. 주변에 백주또나 가믄장아기 같은 사람이 더 많아졌으면 좋겠다. 나도 그런 사람이라면 더 좋겠다. 언젠가 나의 백주또 친구, 가믄장아기 친구와 금백조로를 달리며 이런 이야기를 오래오래 해야지. 신화처럼 사는 일이 꼭 먼일만은 아니다.

에디터 K의 가소로운 일상 기행

Stranger Than Heaven

결혼을 물을 땐 이혼을 말합니다

나의 최악의 여행지는 예식장이다. 그곳에 가면 늘 배가 아프고 웃음을 잃는다. 천국보다 낯선 그곳에서 나는 언제쯤 제대로 된 농담을 구사할 수 있을까.

글·사진 김건태

내 주변엔 결혼식 오타쿠들이 있다. 그들은 도장 깨기를 하듯 매주 예식장 순례를 한다. 친구, 친구의 친구, 누나 친구의 결혼식까지. 주말 알바를 하듯 식장에 다니는 그들에게도 나름의 철학이 있다. "하객 숫자로 그가 성공한 인생을 살았는지 아닌지 판단할 수 있어." 일면식도 없는 사람들의 머릿수를 세며 타인의 인생을 평론하는 친구. 그는 점수 매기길 좋아하는 녀석이다. 또 다른 친구는 이렇게 말한다. "지금 하는 이 투자가 나중에 배가 되어 돌아올 거야." 그러면서 이제껏 참석한 결혼식과 축의금 내역을 보여준다. 그는 타고난 장사꾼이다. 한편 이렇게 말하는 친구도 있다. "끝나고 피로연이 있대!" 그는 〈결혼은 미친 짓이다〉(2001)라는 영화를 무척이나 좋아하는 녀석이다. "그러니까 네가 기대하는 타인의 결혼식이란 신랑 친구와 신부 친구가 다른 테이블에서 서로 곁눈질하다 결국엔 모텔에 가게 되는 그런 걸 말하는 거지?" 친구는 말없이 눈을 반짝인다.

반면에 나는 날이 갈수록 엄숙하고 근엄하고 진지한 자리는 피하고만 싶다. 마냥 까불고 싶고, 되바라지고 싶고, 개다리 춤만 추고 싶다. 그런 내게 결혼식은 참기 힘든 이벤트다. 애초에 축하를 잘하지 못하는 성격인 데다, 묵혀둔 정장을 꺼내 입으며 혹시나 가랑이가 터지진 않을까 조마조마해 한다. 가능한 성의 표시만 하고 참석은 피하려 노력하지만, 최근 본의 아니게 결혼식에 가게 됐다.

사촌 동생의 결혼식이었다. 온통 친지와 어르신뿐이었다. 지뢰밭이었다. '어떻게든 납작 엎드려 이 전장을 빠져나가자.' 유령처럼 숨을 참았다. 자녀를 모두 출가시킨 작은아버지의 여유로운 표정과 달리, 집안의 큰 어른인 아버지의 안색이 좋지 못했다. 웃는 듯 우는 듯 미묘한 얼굴. 나는 고속도로를 달리는 시외버스에서 똥이 마려워 손톱을 물어뜯는 아버지를 상상했다. 나와 동생을 결혼시키지 못했다는 이유로 안절부절 자신의 패배를 인정하는 듯한 표정이 가여웠다. 이 또한 지나갈 겁니다, 아버지. 살며시 아버지의 어깨를 토닥였다.

예식이 끝나고 이름 모를 먼 친척들의 덕담 타임이 이어졌다. "예쁘게 생겼는데 왜 아직?", "어쩌자고 이런 불효를.", "자네, 신부님이 되려는 건가?" 마침 해파리냉채의 겨자 소스가 코를 쏘는 바람에 찔끔, 눈물이 났다. 나는 울면서 더는 결혼할 사촌 동생이 없어서 다행이라고 생각했다. 그날 저녁, 집으로 돌아와 바늘로 손을 땄는데 끈적하고 검붉은 피가 몽글몽글 예쁘게도 솟았다.

"건태는 청첩장 언제 줄 거야?" 살면서 몇 번 만날까 싶은 사람들이 그렇게 물을 때마다 나는 전전긍긍하게 된다. 결혼과 출산, 육아라는 일련의 과정을 디폴트 값으로 놓고 타인의 삶을 간보는 사람들에게 해줄 대답을 찾지 못한 까닭이다. "어차피 이혼할 거 결혼은 해서 무얼 하겠습니까?" 어머니가 아버지가 내게 결혼에 대해 말할 때마다 늘 그렇게 대답하곤 했다. 그러면 그들을 더 이상 묻지 않았다. 하지만 내 삶에 애정 없는 사람들에겐 그런 농담마저 사치처럼 느껴진다.

나의 부모는 13년을 살다 이혼했다. 내가 열두 살, 동생이 여섯 살 때 일이었다. 부모의 이혼과 함께 사춘기가 왔다. 하지만 본드를 불 용기도, 오토바이를 훔칠 용기도 없던 나는 방문을 걸어 잠그고 디즈니 OST를 들었다. '그리하여 행복하게 살았다'라는 엉터리 결론에 "개소리하네."라고 속삭이며 울었다.

그 무렵 나와 가장 친한 친구 성만 역시 이혼 가정에 살았다. 그는 원룸에 함께 사는 어머니와 동생을 끔찍이 아꼈다. 가족을 향한 그의 애정은 때때로 증오심으로 몸을 틀어 떠난 아버지를 욕하는 데 쓰였다. "그 새끼 내가 가만 안 둔다." 그러나 '아싸'인 우리가 세상에 할 수 있는 복수는 많지 않아서, 기껏해야 마트에서 쿨피스를 훔쳐 먹거나 힘껏 축구공을 차 학교 유리창에 맞추는 게 전부였다.

하루는 성만이 시가를 구해 왔다. 우리는 인적이 드문 아파트 단지 구석에 숨었다. 갈색 개불같이 두꺼운 시가 표면에는 'CUBA'라는 그럴싸한 원산지가 적혀 있었다. 나는 그가 존경스러웠다. 성만은 서툰 솜씨로 불을 붙여 길게 빨아들인 다음 나에게 건넸다. 마구간 맛이었다. 성만은 기침을 참았고, 조금 절망스러운 표정으로 입을 다물었다. 허물어져 가는 아파트 뒤에 숨어 시가를 나눠 피우는 가난한 아이들. 재개발을 앞둔 5층짜리 아파트는 군데군데 금이 가 있고, 옛날식 베란다에는 쓰지 않는 고무 다라이며 훌라후프같이 쓸데없는 세간이 아무렇게나 방치되어 있었다.

"건태야, 나는 남들보다 일찍 결혼할 거다." 다음 말을 기다렸지만 그는 말하지 않았다. 비장한 무언가를 말하려 뜸을 들이는 줄 알았는데 트림을 참는 거였다. "암튼 쿨럭, 일찍 결혼해서 보란 듯이 살아볼 거다. 존나게. 남부럽지 않게." 쿠바산 싸구려 시가 냄새 때문인지, 눈앞에 있는 비루하고 현실적인 풍경 때문인지, 성만의 말은 평소보다 무겁게 느껴졌다. 차마 그의 말에 딴지를 걸 수 없었다. 어떻게 하면 남부럽지 않게 살 수 있는 건데? 그렇게 묻고 싶었지만 말하지 않았다. 그가 할 수 있는 최대한의 복수는, 그의 부모가 누리지 못한 '해피엔딩'을 대신 살아보는 것이었다. 그러면서 그는 멋있는 척 말을 보탰다. "건태, 너는 누구의 뜻도 아닌 너의 의지대로 살아라. 휘둘리지 말고.", "뭐래." 나는 쑥스러운 말은 하고 싶지 않아 짧게 "병신."이라고 덧붙였다.

나에겐 두 명의 어머니와 두 명의 아버지가 있다. 부모가 두 번씩 결혼한 탓이다. 그렇게 네 명의 부모를 가졌지만 내 삶이 특별히 이상한 방향으로 흘러온 것 같진 않다. 기껏해야 친구와 시가를 나눠 피우고 유리창을 깨고 도벽이 좀 생긴 것 외에는 크게 망가지지도 않았다. 오히려 부모의 숫자가 늘어난 것이 다행이라 생각한다. 부모라는 이름이 조금은 옅어진 것 같아서. 가족이라는 이유만으로 무책임하게 걸었던 기대를 조금은 덜 수 있을 것 같아서다.

얼마 전엔 제주에 사는 진짜 어머니와 술을 마셨다. 술에 취한 그녀가 말했다. "도대체 아들은 왜 결혼을 안 하는 거야. 엄마 속상하게." 그렇게 말하는 어머니는 두 번째 이혼을 진행 중이었다. 아무래도 구제 불능인 그녀에게 나는 화를 내는 대신, 결혼하면 뭐가 좋은지 10초 내로 말하라는 미션을 내렸다. 그녀는 우왕좌왕하다 아무것도 말하지 못했다. "나중에라도 좋은 점이 있으면 말해줘요. 새로운 사람 소개해 줄게." 그녀는 머리를 감싸 쥐었고, 잠시 후 고개를 들고 나를 쏘아봤다. "너는… 너무 똑똑해서 탈이야."

앞으로 내가 또 몇 번의 결혼식에 참석하게 될지는 모르겠다. 해가 갈수록 신랑 신부에 버금가는 질문을 받을 테고, 또 그때마다 주머니에 챙긴 소화제를 만지작거려야 할지도 모른다. 매번 싸구려 시가 때문에 성격이 괴팍해졌다는 핑계를 대고 싶지는 않다. 다만 부모에게 하듯 대수롭지 않게 이혼을 말하는 사람이고 싶다. 너는 왜 결혼을 하지 않느냐는 애정 없는 질문에, 당신은 몇 번의 결혼을 예정하는지 농담하고 싶다. 그리고 당신이 결혼이라는 엔딩 이후에도 마주해야 할 삶이 있다는 걸 함께 이야기 나눌 수 있으면 좋겠다.

최근에 오랫동안 연락이 끊겼던 친구 성만의 소식을 들었다. 그는 여전히 어머니, 동생과 함께라고 했다. 탈모가 심해져 대머리가 됐다고 했다. 파혼을 했다는 소문도 있었다. 여러모로 그가 바라던 복수의 방향과는 거리가 있었다. 하지만 그의 삶이 불행했을 거라고 속단하고 싶지는 않다. 모든 건 누구의 뜻도 아닌 성만 자신의 의지였을 테니까. 언제든 자신의 속도와 방향을 바꿀 수 있는 녀석이라고 믿고 싶으니까.

Time For My House

The Home In Which We Are Us

우리가 있는 집

오늘의집 @todayhouse 자신의 공간과 삶을 기록할 수 있고, 제품 구매와 리모델링 서비스까지 모두 이용 가능한 '원스톱 인테리어 플랫폼'. 누구나 쉽고 재미있게 자신의 공간을 만들어 갈 수 있도록 도와주며, 집을 꾸미는 방식을 새롭게 정의합니다.

함께 사는 집의 모양은 실로 다채롭다. 채우고 비우는 과정, 부딪치며 서로를 알아가는 시간이 있다. 같이 사는 존재가 어떤 것이든 그 속에 피어나는 마음은 한결같이 다정할 것이다.

에디터 **김지수** 사진 **박희영, 정혜수, 황주안**

어제의 집

서울에서 양평으로

"안녕하세요, 9년 차 양평댁 박희영입니다. 양평 시골에서 강아지 한 마리와 고양이 두 마리 그리고 남편, 13살 딸과 함께 작은 집에 살고 있어요. 그래픽 웹디자이너로 일하다가 요즘은 마당에서의 일을 유튜브로 공유하는 일을 시작했어요. 가볍게 시작했는데 생각보다 재미있네요(웃음).

결혼하고 첫 집은 서울의 고층 아파트였어요. 집을 지어 양평으로 이사 오기까지 그 집에서 평범한 도시 가족의 삶을 살았죠. 거실 창으로 보이는 서울의 풍경을 좋아했지만 어렴풋이 답답함을 느꼈어요. 그 답답함이 '조그마한 땅이라도 마당 있는 집으로 이사 가자.'라는 구체적인 계획으로 커지게 되었고요. 우연히 새로 지은 목조주택을 보게 됐는데, 콘크리트 집과는 다른 매력에 푹 빠졌어요. 어느새 틈만 나면 목조주택 단지를 알아보고 있더라고요. 그렇게 나무 집을 지어야겠다 마음먹고 여러 지역을 돌아봤어요. 그러다 양평의 이 땅을 발견한 거죠. 이제 막 집 두 채가 지어진 허허벌판에 주위엔 산과 강이 있는 자리였어요. 마을 입구의 너른 논밭 풍경도 마음에 들었고요. 바로 여기다 싶었죠.

집을 설계할 땐 많은 고민이 있었어요. 오롯이 내가 결정하고 꾸리는 첫 '우리 집'이니까요. 아파트같은 전형적인 집들과는 다르게 짓고 싶었어요. 위에서 봤을 때 십자가 모양의 특이한 구조를 선택했어요. 크기는 작지만 십자 가운데 가족이 만나는 공간이 있어서 마음에 들어요. 집 안팎에 생기는 그림자와 다양한 모양의 창들이 집을 더 재미있고 깊이 있게 만들어 주고요."

오늘의 집

자연과 사는 집

"이 집에 살면서부터 자연의 변화에 예민해졌어요. 입춘이나 첫서리가 내리는 날 등 절기에 따라 해야 할 일이 많아졌으니까요. 마당 화분들을 집에 들이고, 잔디를 태우고, 겨울 준비를 하면서 자연과 살아가는 방법을 찾아 가고 있어요. 긴 겨울 지나 마당 산수유나무에 노란 첫 꽃이 필 때면 얼마나 설레는지(웃음). '이제 봄이 왔구나!' 하는 마음에 들뜨기도 해요. 무엇보다 아이들이 식물의 이름을 자연히 배워가는 과정을 보는 게 좋아요. 논에 물을 대고 모내기할 때를 알아가는 모습을 보면서 뿌듯함을 느끼죠.
마당이라는 존재는 주택살이의 정점이에요. 채소를 키워 먹고, 뜨거운 햇살 아래 빨래도 바삭바삭 말리고, 한밤중에 잔디밭에 누워 별도 구경할 수 있어요. 짜파게티 하나만 끓여 먹어도 꿀맛이랍니다! 대신 도시에서 누리던 장점들은 여기에 없어요. 빠르고 편한 일상은 살 수 없죠. 친구네 집에 놀러 가면 배달 음식을 시켜 달라고 하는 습관도 생겼어요(웃음). 여기선 배달 음식을 먹을 수 없으니까요. 만약 다시 서울로 가게 된다면 그건 샛별배송 때문일 거라고 농담도 하곤 해요. 하지만 훨씬 사람답게 살고 있다는 생각을 해요. 남들과 함께 살기 위해서 억지로 고쳐야 했던 일들이 사라졌어요. 좀더 우리가 우리일 수 있는 하루를 기록하는 중이에요."

내일의 집

어떤 기억이 담긴

"목조주택 시공에도 유행이 있었어요. 이 집을 처음 지을 때만 해도 집 크기와 창을 작게 내어 단열을 최우선으로 하는 것이 그때의 흐름이었죠. 덕분에 따뜻하고 시원한 집에서 잘 살고 있지만, 거실 창을 크게 바꾸고 싶은 마음이 있어요. 흔들리는 꽃들을 시원하게 보고 싶어서요. 비교적 쉽게 바꿀 수 있다는 것이 목조주택의 장점이기도 하고요.

지금은 이사 갈 생각이 없지만 만약 떠나게 된다면 언제나 그리운 마음으로 이 집을 기억하게 될 것 같아요. 우리 가족의 첫 단독주택이자 전원생활이었으며, 아이의 어린 시절이 오롯이 배어 있는 집이니까요. 사람이 좋은 기억으로만 먹고 살 수 있다면 곳간에 가득 쌓아 놓은 먹거리 같은 공간일 거예요. 평생 곱씹어도 좋을 기억이 있는 곳이죠.

떠나지 않는다면 여전히 이 집을 닦고 칠하고 고쳐가면서 함께 살고 있을 거예요. 양평의 겨울 추위와 봄이 찾아왔을 때의 감동, 뜨거운 여름 햇볕 아래서의 물장난과 변해가는 가을의 풍경까지. 늘 같지만 지루하지 않은 매일을 살고 싶어요. 집의 구석구석 우리 가족만의 추억을 가득 쌓아 놓으면서요."

정혜수 | 서울 | 빌라

안정된 오늘이 있는

누군가에게 집은 단순히 먹고 자는 공간이지만 그녀에게 집이란 언제나 바라고 꿈꾸던 공간이다. 서울로 상경해 반려견 보리와 함께 살고 있는 혜수. 간호사로 일하는 그녀가 가장 처음 가진 공간은 작은 병원 기숙사였다. 얼마 안 되는 짐들로 방을 채우면, 누울 곳만 남는 곳에서 외롭고 우울한 날들을 보내다 어엿한 자신의 공간을 가지게 됐다. 오래된 빌라의 곳곳을 고치며 그녀가 손보지 않은 곳은 없다. 체리색 몰딩부터 낡은 싱크대까지. 공간의 틀부터 차근히 자신의 것으로 만들었다. 이제 그녀에게 집은 돌봐야 할 곳이 넘치는 존재다. 집과 함께이기 때문에 부지런히 움직이고 활기를 찾아간다. 좀더 안정된 자신의 일상을 만들어가고 있다.

황주안 | 경기도 | 아파트

우리의 속도로 채운 집

식물을 아끼는 두 사람의 집. 전혀 다른 삶을 살아온 부부는 각자가 좋아하는 것들로 채우기 위해서 공간을 비워왔다. 이제 그 자리에 식물이 들어서 집 안을 물들인다. 부부가 가장 좋아하는 시간은 빛을 맞으며 멍 때리는 순간이다. 어쩐지 조용히 자리를 지키는 식물과 닮아 있을 것만 같다. 꼭 필요해도 맘에 드는 걸 찾지 못하면 불편한 채로 그냥 살아간다. 함부로 물건을 들이지 않지만 한 번 애정을 준 물건은 오랫동안 함께하고 있다. 천천히 취향을 쌓아가다 보면 집과 함께 우리 가족의 분위기를 만들어갈 수 있다고 믿는 사람들. 느리지만 꾸준하게, 부부의 취향이 배어든다.

This Isn’t A Beautiful Song

이건 아름다운 노래가 아니야

어느덧 40대 중반을 향해 가다 보니 인생에 대한 이런저런 질문을 받고는 한다. 대개는 방향을 잡지 못해 갈팡질팡하거나 딛고 서 있는 자리가 불안해 생기는 물음들이다. 결혼 관련 궁금증도 마찬가지다. “대체 어떤 사람과 결혼해야 하나요?” 이런 질문, 내가 여러 차례 받은 만큼 여러분도 궁금할 거라고 생각한다. 비혼주의를 고수하는 청년이 급증하고 있다고 해도 누군가는 결혼하고 백년가약을 맺는다. 아니, 대체 그들은 어떤 확신이 들었길래 둘이 한평생 함께하기로 다짐한 걸까. 비혼주의만큼이나 과거에 비해 급증한 게 이혼율이다. 이걸 부인할 수는 없다. 그렇다고 해서 결혼하면서 동시에 이혼까지 고려하는 커플이 존재할 리 없다. 모두 자기가 죽기 직전까지 저 사람과 함께라면 ‘대체로’ 행복할 거라고 여기면서 식장 문을 두드린다.

주위를 쭉 한번 둘러본다. 엑스레이처럼 사람을 투시할 수 있는 심미안 따위 내게 없지만 어쨌든 ‘대체로’ 행복해 보이는 커플을 몇몇 떠올려본다. 물론 이게 정답이라고 말할 순 없다. 하긴, 마빡에 “우린 행복해요”라고 써 붙이고 다니는 커플을 찾아볼 수는 없는 노릇이다. 그들이 행복해 보인다는 건 이를테면 나만의 느낌이다. 단, 이 느낌은 나에게 소중하다. 문학평론가 신형철이 썼듯이 “느낌은 희미하지만 근본적인” 거라고 믿는 까닭이다.

글 배순탁(음악평론가, 배철수의 음악캠프 작가)

혼자서도 괜찮다면

이렇게 말하고 싶다. "혼자 있기를 두려워하지 않는 사람과 하라." 결혼한다고 해서 샴쌍둥이가 되는 건 아니다. 둘 중 하나는 출장을 떠날 수도 있고, 피치 못한 사정으로 주말부부가 될지도 모를 일이다. 가족이 너무나 소중해 친구들과의 약속을 통째로 불참한다는 건 불가능에 가깝다. 결국, 누군가는 (시간의 차이는 있더라도) 혼자 남게 된다. 이 혼자일 때가 중요하다는 의미다.

물론 예외가 있을 수 있다. 다만, 모든 조언에는, 설사 그 조언이 거의 진리에 가깝다 치더라도 필연적으로 구멍이 뚫려 있음을 알아주기 바란다. 구멍 없는 조언은 없다. 즉, 모든 예외의 수를 상쇄할 수 있는 진리라는 건 유니콘과 같다. 바꿔 말하면 혼자 있기를 극도로 싫어하는 사람일지라도 성공적인 결혼 생활을 영위하는 케이스가 어디엔가 분명히 존재한다는 거다.

내 주변에도 한 명 있다. 그는 엄청난 마당발이다. 친구가 진짜 많다. 선후배까지 합하면 차고도 넘친다. 일주일이라는 시계가 그에게는 턱없이 부족해 보일 정도다. 그런 와중에도 그는 아내와 함께하는 시간을 어떻게든 내서 추억을 공유한다. 그러니까, 결국 태도의 문제라는 거다. 어쩌면 체력의 문제일 수도 있고.

여기까지가 결혼에 대해 내가 해줄 수 있는 최선의 코멘트다. 자기 혼자서도 잘 먹고 잘 노는 사람과 만나라. 혼자 있기만 하면 불안을 이기지 못해 우왕좌왕하는 사람, 글쎄, 이런 사람도 결혼하면 어떻게 변할지 장담할 수는 없지만 10대, 20대 시절만으로 족하지 않은가. "인생이란 어차피 독고다이"라는 격언이 괜히 생긴 게 아니다.

따르르르릉. 전화가 온다. "오늘 저녁은 혼자 먹어. 나 일 늦게 끝나." 기회다. 그간 도무지 갖지 못한 나만의 시간을 만들 수 있는 찬스다. 아, 고민된다. 저녁은 뭘 먹어야 잘 먹었다고 소문날까. 돈가스? 라면? 국밥? 평양냉면? 기왕 이렇게 된 거 돈을 좀 써서 스시나 오랜만에 먹어볼까? 이거 참, 세상은 넓고 맛있는 건 많다. 저녁 먹으면서는 뭘 할까. 가는 길에 책방에 들러 책을 하나 살까? 아, 어제 미처 다 못 본 드라마가 있었지. 정주행 각이다. 다 먹고 집에 가면 씻고 소파에 누워서 책이나 봐야지. 나는 집에서 함부로 앉아 있지 않는 사람이니까.

최근 들어 청첩장 받는 횟수가 부쩍 늘었다. 실제로 코로나19가 일상화되면서 미루고 미루던 결혼식을 이제야 치르는 커플이 많다고 한다. 부디 그들이 서로 간의 영역을 존중하면서 오랜 시간 행복하기를. 여기, 결혼을 앞두었거나 결혼을 꿈꾸는 사람들을 위한 결혼 노래 두 곡을 모아봤다. 둘 다 일반적으로 상상하는, 마냥 아름답기만 한 곡은 아님을 미리 밝혀둔다. 시작부터 끝까지 완전무결한 결혼 생활이란 영화에서나 가능하다는 걸 간접적으로나마 알려주고 싶은 의도다.

Bruno Mars

'Marry You'(2010)

미국과 미국 밖의 온도 차가 극심했던 곡이다. 미국에서는 빌보드 싱글 차트 85위로 폭망했는데 미국 밖, 예를 들어 한국에서는 거의 국민 팝송 대접을 받았다. 물론 미국에서도 라디오를 중심으로 인기가 상당해 220만 장의 판매고를 기록했다고 한다. 급격한 순위 상승은 없었지만 꾸준한 라디오 에어플레이로 이를 상쇄한 것이다.

내용은 솔직히 좀 무책임하다. 그래서 재미를 유발하는 곡이기도 하다. "아름다운 밤 우리는 지금 어리석은 짓을 하려고 하지 너랑 결혼하고 싶은 거 같아 네 눈빛 때문인지 아니면 취해서인지 그게 무슨 상관이야 너랑 결혼하고 싶은 거 같아"

나는 나이트에서 부킹으로 만나 이 글을 쓰고 있는 지금 이 순간에도 즐겁게 잘 살고 있는 부부를 안다. 한데 술 취한 정도가 뭐 대수일까. 다시 한번 강조하건대 결국 가장 중요한 건 결혼 이후 상대방을 대하는 태도에 있을 것이다.

[Doo-Wops & Hooligans]

The Police

'Every Breath You Take'(1983)

일차원적으로 봤을 때 이것은 사랑 노래다. 지금 들어도 슈퍼-모던한 기타 리프 위로 흐르는 가사를 일단 읽어보라. "당신의 모든 숨결 당신의 모든 걸음 나는 그걸 지켜볼 거예요" 그러나 작곡자인 스팅Sting이 고백했듯이 'Every Breath You Take'는 "정말 고약한 노래"다. 그의 말을 좀더 들어본다.
"어떻게 보면 사악하다고까지 할 수 있어요. 질투와 감시, 소유욕에 관한 거니까요."
우리는 보통 영미권 음악 팬들은 가사의 깊은 의미까지 이해하고 들을 거라고 지레짐작하곤 한다. 절대 그렇지 않다. 런던 경찰의 무자비한 폭압에 대한 반항으로 쓰인 클래시The Clash의 'London Calling'이 축구장에서 응원가로 소비되는가 하면 '미국은 망했다'는 주제를 지닌 브루스 스프링스틴Bruce Springsteen의 'Born in the U.S.A.'가 미국 찬가로 둔갑해 불린 적도 있다. 이 곡도 유사한 경우다. 이 지독한 노래는 발매 이후 결혼식 입장곡으로 미국과 영국에서 널리 환영받았다.
어쨌든 반면교사가 될 수 있을 것 같아 골랐다. 질투와 감시, 소유욕을 통해 병드는 건 결국 상대방이 아닌 나 자신일 테니까. 이런 측면에서 보자면 꽤 적확한 결혼식 입장곡인가 싶기도 하다.

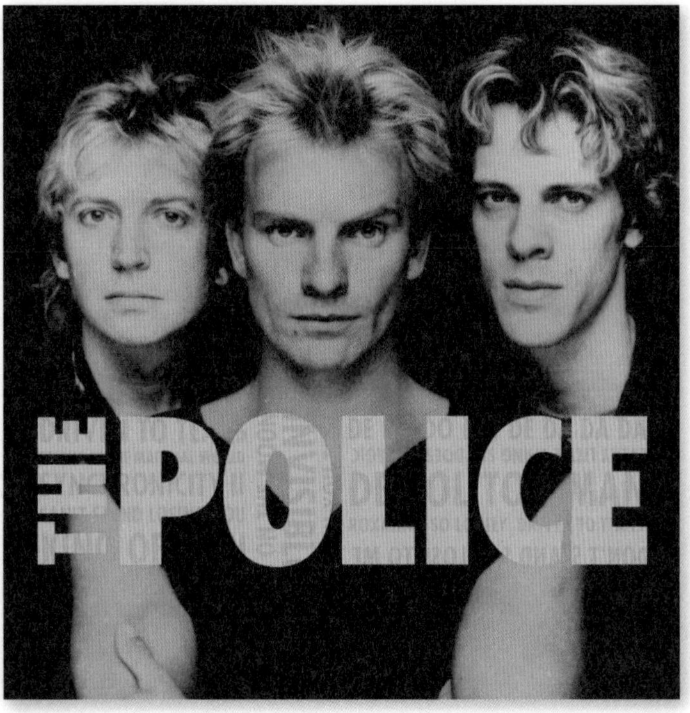

[The Police]

멀리 달아나며 늘 함께

Eternal Relationship

이별 없는 관계

관계를 맺는다. 좋으면 아껴주고 지켜준다. 싫어지면 마음을 거둔다. 잊으려고 노력하고 다른 관계로 덮는다. 몇 해 전에는 내가 그렇게 살았다. 무언가를 찾고 있으면서 동시에 도망치는 기분. 나는 그런 식으로 반복되는 상황을 바꿔보고 싶었다. 사람과 사람 간의 관계를 잘 맺고 싶었을 때 내게 가장 많은 질문을 던져준 존재는 '말 없는 완두'였다.

글·사진 전진우

조용하고 덩치 큰 질문

가만히 생각해 보면 완두와 나는 누구 하나가 죽어야 끝나는 동거를 어느 날부터 시작해버렸다. 이렇게 한 줄로 정리해 보다가 덜컥 겁이 나지만, 사실 같이 살기 시작한 이후로 그다지 어려운 상황이 일어나지 않았으니, 아마 놀란 마음은 생각과 현실의 대비에서 온 것뿐일지도 모른다. 우리는 따로 약속이나 책임을 명시하지 않고 외부의 지원, 허락 없이 조용히 이 생활을 시작했다. 이렇다 할 타인의 축복도 없었다. 이제 거의 5개월이 지났다. 한 공간에서 같이 지낸다는 건 여러모로 특별한 일이다. 불편함과 피곤함 속에서 성취감과 안정감을 함께 느낀다. 아무래도 완두에게 손길이 많이 필요하니까, 이동이 자유롭던 내 생활이 끝난다는 게 가장 걱정이었는데 묶인 생활의 기쁨, 이를테면 가끔 혼자 외출할 때의 짜릿함이나 바깥에서 일어나는 일에 관여되지 않는 묘한 해방감 같은 것도 비로소 알게 되었다. 다른 상황에서도 이와 비슷한 양면성 같은 걸 발견할 수 있었다.

크고 작은 변화들. 취소할 수 없는 선택들. 나의 선택이 가끔은 낯설게 느껴진다. 나는 누군가와 동거를 결심해 본 적도 없고 결혼 생각도 별로 없었는데, 어쩌다가 개와 살게 된 걸까. 기쁨 속에서도 고단함 속에서도 이 질문은 종종 나를 찾아온다.

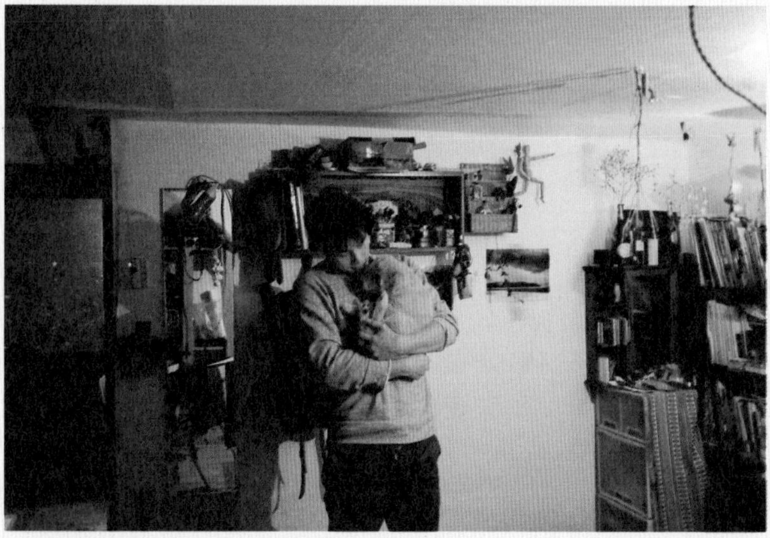

사랑을 담아내는 몸

완두와 내가 사는 집에 종종 친구들이 놀러 오곤 한다. 늘 우리를 보러 온다고 생각했는데, 이제 보니 어떤 경우에는 거의 완두만을 보려고 오는 것 같기도 하다. 문 열어주는 나한테 인사하자마자 완두랑 껴안고 뒹구는 모습을 보면 금방 알 수가 있다. 외면당해도 흐뭇한 기분이 든다. 반겨주는 개의 기쁨을 나도 잘 알기 때문이다. 매일 경험하면서도 늘 한 번이라도 더 경험하고 싶다고 생각하는 것. 완두는 다른 모든 개가 그렇듯 마음을 있는 그대로 표현할 줄 안다. 사랑을 주는 개.

그런데 요즘에서야 알게 된 완두의 모습 중에는 주는 게 아닌 '받는 모습'도 있다. 받는 것은 의외로 어려운 일이다. 나를 포함한 누군가의 관심과 사랑은 종종 그것이 드물고 귀하다는 이유로 막무가내일 때가 있다. 그런 상황이 닥치면 되돌려주지 못할 것이기에, 자칫 허투루 반응하거나 타이밍을 놓쳐 상대의 기분을 망칠 것이기에 영 어려운 기분이 든다. 지나치게 선명해서 모른 척하고 싶은데, 한편으로는 그것이 너무나 필요했던 순간들이 떠올라 나 자신이 참 변덕스럽게 느껴지기도 한다. 그래서 이 모든 걸 늘 아무렇지 않게 받아내는 완두가 신기하다. 아무리 사랑을 퍼부어도 완두는 그것을 작은 몸에 다 받아두었다가 현관문이 열리면 나와 친구들에게 다시 쏟아낸다. 받은 것보다 더 많이.

친구들은 그런 완두를 길에서 만나면 자신을 알아보는지 궁금해서 인사 없이 지나쳐 보곤 한다. 그럴 때마다 완두는 어떻게 모르는 체할 수 있느냐, 힘껏 달려든다. 여러 번 본 사람들에게는 그만큼 격한 인사를 하고, 유독 자신을 예뻐해 준 사람에게도 그만큼 알은체한다. 완두의 몸 어딘가에 그들에게서 받은 사랑이 전부 다 꼼꼼하게 기록되어 있는 것만 같다. 그런 완두를 보다가 문득 나는 생각한다. 내 몸에도 나를 사랑해 주던 사람들의 이름이 쓰여 있는 게 아닐까. 또 내가 누군가를 사랑하며 발견한 내 여러 모습도 어딘가에 기록되어 있지 않을까. 언젠가 쌓였을 그 기록들을 나는 지우려고 노력하며 살아왔다. 나를 위해서이기도 했지만, 상대를 위하는 일이라는 생각도 했었다. 하지만 그런다 한들 그 모든 일들이 지금의 나를 만들었다는 사실을 부정할 수 있을까. 왜 나는 지우고 다시 쓰려고 노력했을까. 왜 새로운 사람에게 앞서 받은 사랑들을 숨기려 했을까.

완두처럼

완두의 행동을 지켜보고 있으면, 그것이 나에게도 있을 수 있는 일인지 가늠해 보게 된다. 불가능할 것 같아서 지레 포기하지만, 만약 그럴 수만 있다면 나는 완두처럼 살고 싶다. 나를 사랑해 주는 사람들이 형성해 주는 세계에서, 더 멀리 가보라는 지지를 받으며, 그들이 보여준 마음들을 내가 또 다른 이에게 전해 주며, 고이지 않고 계속 흐르는 기분을 느끼고 싶다. 이미 일어난 일들과 앞으로 일어나길 원하는 일들 모두를 지지해 주는 마음을 경험해 보고 싶다. 이별 없는 관계 속에서 살아가는 완두처럼. 그리고 내가 완두에게만은 그럴 수 있는 것처럼, 인간에게도 그렇게 할 수 있다면 좋겠다.

어떻게 나는 완두와 함께 살아보기로 결정했을까. 어떻게 가장 중요한 일을 아무 허락도 없이 담담하게 결정하고 겪어왔을까. 그런 완두가 나 말고 다른 사람들과 사랑을 주고받는 모습에 어떻게 내가 기뻐할 수 있었을까. 완두 몸에 쓰인 여러 이름이 왜 나의 기쁨일까. 나는 어떻게 내 친구들에게 완두를 잠시 맡길 생각도 했을까. 물건처럼 생각해서일까. 연인보다 덜 소중해서일까. 이런 질문을 나 자신에게 하는 순간에 나는 내가 얼마나 완두를 사랑하는지 새삼 깨닫는다. 얼마나 소중한지 말하지 않아도 된다는 걸 안다. 완두가 죽을 때 내가 울고 있지 않았으면 좋겠다. 그러기 위해서 해야 할 일을 나는 완두에게 배워서 잘 알고 있다.

파라다이스 폭포
세상에 없는 마을
잘 가요,
내 소중한 사람.
글 이주연 일러스트 휘리

씩씩한
내 소중한 사람

엘리, 알고 있나요? 어느 날 내 앞에 나타난 당신이 얼마나 용감해 보였는지. 어린 시절 우리는 탐험가가 되길 꿈꿨죠. 나는 상상도 못 했어요. 나처럼 헬멧에 고글을 쓰고 돌아다니는 아이가 있을 줄은, 최고의 탐험가 찰스 먼츠를 아는 사람이 있을 줄은, 그가 다녀온 파라다이스 폭포를 그리는 사람이 있을 줄은 말이에요. 돌멩이를 산등성이 삼아 뛰어넘던 내 귓가에 당신의 목소리가 들려왔어요. 크고, 맑고, 건강한 목소리로 "비행선으로 러시모어 산을 넘어야 해!" 그렇게 소리쳤죠. 왜 나는 아직도 이런 문장이 선연한 걸까요. 다 쓰러져 가는 나무집에 들어갔을 때, 당신은 마치 곧 날아오를 것처럼 나무집을 조종하고 있었어요. 이 쓰러져 가는 집이 비행선이라도 되는 것처럼 열성적으로 움직이고 있었죠. 풍선 하나를 붙잡고 허락도 없이 당신의 공간을 기웃거리던 나는 당신 때문에 심장이 떨어져 나가는 줄 알았어요. 번개처럼 나타난 당신이 "너 뭐야!"라고 외쳤잖아요. 그땐 얼마나 놀랐는지 몰라요.

당신이 헬멧을 벗었을 때 삐죽삐죽 솟아올랐던 머리카락을 기억해요. 당신은, 당신을 보고 깜짝 놀라 놓쳐버린 내 풍선을 찾아주겠다며 대뜸 내 손을 잡고 나무집 2층으로 올라갔어요 천장에 아슬아슬하게 닿아 있던 풍선, 당신은 내 등을 떠밀었고 나는 그걸 잡으려다 뚝 떨어져 팔이 부러졌죠. 기억하나요? 그때 정말 아팠다고요. 당신은 다친 나를 찾아 우리 집으로 왔고 그 방식은 결코 평범하지 않았죠. 창문을 타고 넘어왔잖아요. 당당한 탐험가라면 모름지기 그래야 했죠. 당신은 정말이지 왈가닥에 말괄량이였어요. 앞니가 빠진 당신 모습이 제 눈에 얼마나 환상적이었는지 당신은 알까요? 당신은 반드시 파라다이스 폭포에 가겠다고 했고, 거기 집을 짓고 평생 모험 일지를 채우겠다고 했죠. 내게 '마이 어드벤처 북'이라는 노트도 보여줬잖아요. 그거, 여전히 제가 잘 가지고 있어요.

소극적이고 두려운 게 많은 나지만 언젠가 파라다이스 폭포로 당신을 꼭 데려가고 싶었어요. 그 마음 하나로 오늘까지 왔네요. 저기, 엘리. 당신은 항상 나보다 많은 말을 했어요. 이제야 말하지만 난 그게 참 좋았어요. 나는 한마디를 할 때까지 숨을 많이도 고르는 편이거든요. 당신은 말하지 않아도 내가 하려는 말이 무엇인지 알았고, 내가 행동하기 전에 재빨리 모든 걸 해내곤 했어요. 결혼하던 날에도 입맞추고 싶다고 생각하자마자 당신이 내게 그렇게 했거든요.

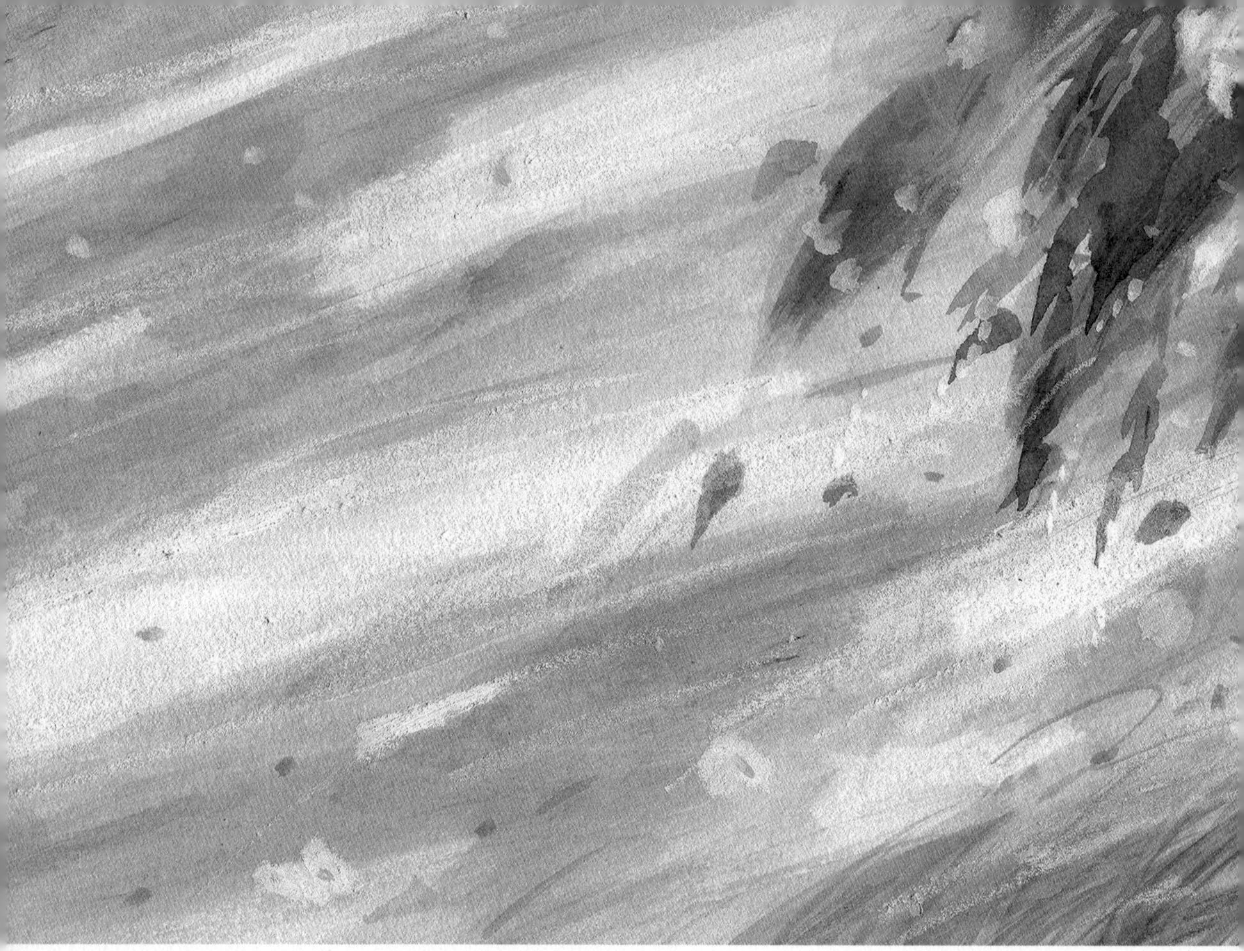

고마운
내 소중한 사람

우리 가족은 늘 조용했어요. 다들 저처럼 느리고, 표정이 거의 없고, 말수가 적었죠. 하지만 나는 당신과 함께 살게 되면서 이 세상이, 내가 사는 집이 이토록 활기가 넘치고 씩씩할 수 있다는 걸 처음 알게 됐어요. 우리는 우체통에 나란히 우리 이름을 적었고, 당신과 나의 생활을 담아 집을 꾸며 나갔죠. 비행선을 만드는 대신 풍선을 잔뜩 몰고 다녔던 거 기억해요? 나는 풍선을 손에 쥘 때마다 하늘을 날아 파라다이스 폭포에 갈 날을 꿈꿨어요. 당신도 그랬겠죠? 비록 삶이 바빠 모험을 시작하지 못했지만 우린 늘 꿈꿨어요. 아메리카, 저 먼 아메리카 남쪽 모습을. 당신, 우리에게 아기가 생긴 순간을 기억하나요? 아마 당신도 잊을 수 없겠죠. 세상이 온통 우릴 향해 박수를 보내주는 것 같았어요. 그날은 숨만 쉬어도 행복했어요. 오늘을 위해 지금껏 살아왔다는 생각마저 들었죠. 제 주변 모든 게 별처럼 영롱했고 기쁨을 주체하지 못하고 통통 튀어오르는 것만 같았어요. 엘리, 아기가 유산된 건 당신 탓이 아니에요. 자책하던 당신을 생각하면 아직도 마음이 아파요. 나도 아기를 보고 싶었어요. 눈도, 코도, 입도 내 손으로 쓸어내리고

마음껏 만져보고 싶었죠. 당신과 내가 사랑한 만큼 아이도 배 속에서 우릴 사랑했을 거예요. 녀석은 아마 이 세계가 아닌 곳에서 태어나서 행복하게 지내고 있지 않을까요? 우리가 모르는 곳을 탐험하고 있을 테니, 이젠 안심해요. 엘리, 아이가 떠난 뒤 당신이 머리도 빗지 못하고 망연자실 넋을 놓고 시간을 보낼 때 내 마음이 얼마나 아팠는지 아나요? 그래도 당신이 내 손을 잡아 줘서, 다시 일상을 함께 해줘서 여기까지 올 수 있었어요.

엘리, 고마워요. 눈 부신 햇살 아래 피크닉 매트를 깔고 누워 함께 하늘을 바라봐 줘서, 깜빡 잠이 들어도 웃으며 깨어나 줘서. 엘리, 당신은 항상 나보다 빠르고 씩씩했어요. 우리가 자주 가던 언덕을 기억하나요? 내가 땀을 흘리며 중간에 멈춰 서면, 숨을 몰아쉬며 헉헉대고 있으면, 당신은 먼저 꼭대기까지 올라 저에게 손짓하곤 했죠. "칼, 여기 볕이 이렇게나 좋아요. 칼, 어서 와요!"

잘 가요
내 소중한 사람

엘리, 당신과 이렇게 오래도록 시간을 보낼 수 있던 건 내게 행운이었어요. 웃고 싶을 때도 얼굴 근육을 실룩일 줄밖에 모르던 나는 당신을 만나 활짝 웃는 법을 배웠어요. 어깨를 펴고 걷는 법도 알게 되었고요. 나는 아직도 당신이 여기 없다는 게 거짓말 같아요. 당신은 언제까지나 나보다 씩씩하고 건강할 것만 같았거든요. 머리가 새하얘져도, 지팡이가 없인 안 되더라도. 당신이 힘겹게 언덕을 오르던 그날을 떠올리면 아직도 마음이 아려요. 누군가 그 언덕에서 쓰러져야 한다면 그건 당신이 아니라 나여야 했어요.
엘리, 기억하나요? 당신이 내게 건넨 '마이 어드벤처 북' 말이에요. 우린 이렇게 긴 시간을 함께 했는데 그 노트는 단 한 장도 함께 채우지를 못했네요. 나는 당신과 이곳도, 저곳도, 그리고 파라다이스 폭포까지도 꼭 함께 탐험하고 싶었는데…. 우리, 긴 시간을 행복했지만 세상살이가 마냥 기뻤다고는 할 수 없을 거예요. 어떤 건 녹록지 않았고, 뜻대로 되지 않는 일도 많았죠. 하지만, 엘리. 나는 행복했어요. 내 삶을 설명해야 한다면 행복이란 단어를 결코 빼놓을 수 없을 거예요.
엘리, 나는 당신이 떠나고 혼자 이 집을 지켜요. 이곳엔 우리 추억이 생생히 살아 있거든요. 그런데 엘리, 바깥에선 여길 철거할 준비가 한창이더군요. 엊그제는 당신과 내가 함께 만든 우체통을 건드리는 사람이 보여 지팡이를 휘둘렀다가 상처를 입히고 말았어요. 내가 많이 예민했나 봐요. 동네 사람들은 나를 요양원에 넣으려고 했고 사람들은 나를 두고 수군거려요. 그들의 시커먼 속삭임이나 요양원 같은 건 무섭지 않아요. 내가 두려운 건 오직 당신과의 추억으로 가득한 이 집을 떠나는 거예요. 당신과 헤어져야 하는 게 나는 너무 무서워요.
엘리, 나는 오늘 수천 개의 풍선을 지붕에 매달았어요. 내일이면 이 집은 땅에서 떠오를 거고 나는 파라다이스 폭포로 향할 수 있겠죠. 엘리, 당신은 지금 어디쯤 있나요? 엘리, 내가 이 집과 무사히 함께할 수 있도록, 엘리, 나를 지켜주세요. 새들이 풍선들을 쪼지 않도록, 길을 잃지 않도록, 힘이 다 하지 않도록, 엘리, 나를 지켜주세요. 엘리, 우리의 이야기를 안고, 머지않게 그곳으로 갈게요. 엘리… 그때 나를 마중 나와 줄래요?

〈업UP〉(2009)
피트 닥터·밥 피터슨 | 애니메이션

Wander, Wonder

Your Way, My Way

넌 그렇게 난 이렇게

세 문화권에서 모인 레지던트의 대화록에서 일부를 옮긴다.

글·그림 이기준(디자이너)

(…)

C: 그런데 결혼이 뭐야?

B: 결혼이 뭐냐니, 너희 문화엔 결혼이 없어?

C: 결혼이 뭔지 몰라서 있는지 없는지 대답을 못 하겠네. 결혼이 뭐야?

A: 성인 남녀가 가정을 이루는 형식이야. 두 사람이 인생을 함께하자고 약속하는 거지.

C: 성인이 아니거나 남녀가 아니면 결혼을 못 해? 인생엔 수많은 사람이 얽히는데 두 사람이 함께한다는 건 무슨 뜻이야? 다른 사람은 밀어내?

A: 음… 제대로 설명할 수 있을지 모르겠네. 하나씩 짚어 볼게. 우리 문화에서는 일단 성인이 돼야 자신의 선택을 법적으로 인정받아.

C: 어떻게 해야 성인이 되는데?

A: 열여덟 살이 되면 성인이야.

B: 우린 열여섯 살.

C: 그냥 나이만 차면 돼? 열다섯 살 먹은 사람이 스무 살 먹은 사람보다 더 현명할 수도 있잖아. 그런데도 단지 나이 때문에 누구는 성인으로 인정받고 누구는 인정받지 못한다는 얘기야?

B: 문제가 없진 않지…. 사회생활에 필요한 지식을 모두가 균등히 체득할 수 있도록 정부에서 교육을 제공하긴 하지만 인간의 본성과 사회적 관습이 복잡하게 뒤엉켜서 여러 문제를 일으키지. 너희는 어떻게 성인이 되는데?

C: 일상에선 문제가 끊임없이 생기잖아. 그때마다 마을 사람들이 의견을 내. 듣다 보면 누가 사려 깊은지 누가 성급한지 알게 되지. 말하지 않아도 다들 느끼기 때문에 어느새 사람들 마음속에 누가 어떤 사람인지 그림이 그려져. 어떤 경우엔 A, 어떤 경우엔 B, 어떤 경우엔 C의 의견이 중요할 거야. 그렇게 그 사람의 역할이 자연스럽게 생겨. 성인이냐 아니냐는 우리 문화에서 중요하지 않아. 사람마다 성장 속도도 다르잖아.

A: 그 방법은 아주 큰 사회에 적용하긴 힘들 것 같아. 수백만 명이 사는 거대한 도시도 있거든. 누가 누군지도 모르는 상태로 계속 얽히고설키지.

C: 그렇게 많이 모여 사는 곳에서 자기 짝을 어떻게 찾아?

A: 대부분은 나와 상관없는 사람들이야. 다들 자기가 속한 훨씬 더 작은 집단 안에서 교류해. 보통 그 범위에서 짝도 만나고.

C: 내가 진짜 궁금한 건 두 사람이 인생을 함께한다는 개념이야. 그게 무슨 의미인지 설명해 줘.

A: 다른 사람을 밀어내고 둘이서만 고립되어 산다는 얘긴 아니야. 두 사람이 한 팀이 된달까, 한집에서 같이 살면서 생활에 필요한 것들을 같이 준비하는 거지. 아이를 낳아 같이 기르기도 하고. 사실 그 부분이 핵심이지.

C: 아이를 같이 기르는 게 핵심이라고? 그거야말로 두 사람만으론 부족할 텐데?

A: 맞아. 육아 때문에 정말 많은 문제가 생겨. 너무 중요한 나머지 양보가 안 되는 거지. 함께하자는 약속을 깨고 결국 헤어지기도 하고.

B: 아이를 낳지 않는 커플도 많아. 아이가 생기면 자신의 인생은 사라지는 셈이거든.

A: 아이를 통해 비로소 삶의 의미가 생겼다고 말하는 사람도 있지.

B: 그건 더 큰 문제야. 부모가 자신과 아이를 동일시하면 서로 괴로울 뿐이야.

C: 우린 아이를 낳으면 다른 마을로 보내.

A·B: 뭐??

C: 그리고 다른 마을에서도 아이를 낳으면 우리 마을로 보내. 여러 마을로 구성된 공동체가 있어. 어느 아이가 어느 마을로 가는지는 아무도 몰라. 누가 누구의 아이인지 모르기 때문에 모든 아이를 소중히 여기게 돼. 한 번 아이를 낳은 커플끼리 또 다른 아이를 낳는 건 금지야. 피가 한 방향으로 흐르는 걸 막기 위해서. 자기도 모르게 자기 아이에게 해를 입힐지도 모른다는 생각에 서로 다른 마을에 해를 끼치지도 않아. 오랫동안 이런 방식으로 큰 불화 없이 지내왔어.

B: 지금까지 들어본 가장 신선한 생활 방식이네.

A: 두 사람이 결혼 생활을 지속해도 안 되고 자기 아이를 키울 권리도 없다는 얘기잖아.

C: 사람은 물건이 아니야. 한 사람이 다른 사람을 독점하는 건 옳지 않아. 아이 역시 다 같은 아이고. 누구의 파트너, 누구의 아이인지가 왜 중요한데?

A: 자기가 낳은 아이를 키우고 싶은 건 자연스러운 마음 아니야?

B: 피에 집착하는 건 낡은 생각이야. 인류에게 생기는 재앙의 대부분은 자신의 피, 자신이 속한 집단이 더 중요하다는 생각에서 비롯했다고.

A: 그런데 그건 본능 아닐까? 부모와 자식은 서로 각별히 여기기 마련이잖아.

B: 내 친구는 입양된 데다 부모가 결혼한 이성애 커플도 아니지만 서로 각별하게 여기거든?

C: 왜 각별하게 여겨야 하는데? 너한테 네 파트너나 부모나 아이가 각별하다고 쳐. 다른 사람도 자신의 파트너, 부모, 아이가 각별할 테고. 모두가 각별하다면 각별하다는 게 의미 없지 않아? 네 파트너, 부모, 아이가 아니라고 막 대할 거야?

A: 그게 아니라….

B: 넌 파트너 없어?

C: 우리 마을을 떠나 타지에서 생활하면서 이해하기 힘든 개념이 독점적 파트너야. 아직 우리 마을에 있을 때 파트너였던 사람은 지금 다른 사람의 파트너야. 나도 그 파트너 전에 여러 파트너가 있었고, 앞으로도 여러 파트너가 더 생기겠지.

B: 우리도 여러 사람을 만나긴 하는데 동시에 여러 사람을 만나진 않아. 그러는 사람도 있지만 한 번에 한 파트너만 만나는 게 예의라는 공통된 생각이 있어.

C: 우리도 한 번에 한 사람씩 만나. 오늘은 이 사람, 내일은 저 사람, 모레는 또 다른 사람.

A: 그런 관계를 파트너라고 할 순 없지 않나?

C: 나도 너희가 말하는 파트너 개념이 이해하기 힘들었다고 했잖아. 서로 파트너 하기로 정한 다음에 마음이 변했는데도 억지로 지키려고 하니까 서로 속이게 되는 거야. 그게 무슨 예의야?

B: 글쎄…. 약속이라고 생각하면 어떨까? 단지 마음이 변했다는 이유로 약속을 어겨도 된다면 세상이 더 혼란스러울 거야.

C: 애초에 지키지 못할 약속을 하는 건 괜찮고?

(…)

The Place Of Positiveness

긍정의 자리

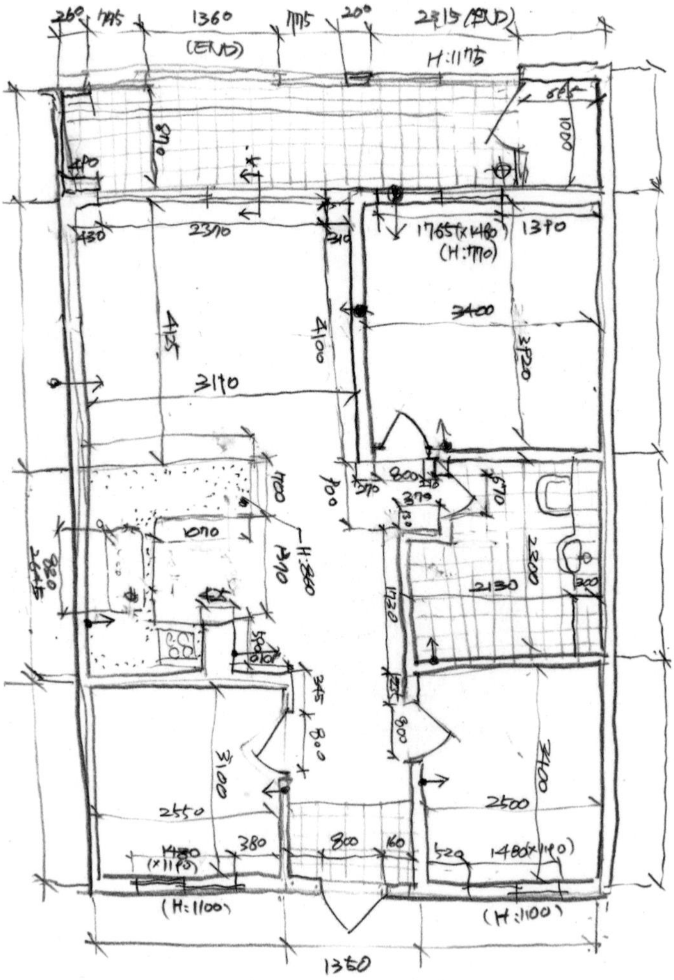

긍정적인 사람이 더 무섭다.

글·그림 **한승재**

아파트 복도에 면한 여러 개의 창문들. 때때로 열렸다 닫혔다 하는 파란 유리창과 때가 탄 방충망, 그리고 창문 위로 덧댄 알루미늄 창살. 복도를 지나다 보면 나도 모르게 그 사이를 들여다볼 때가 있다. 그곳엔 검은색 모니터가 있고 형형색색으로 발광하는 키보드가 있다. 책상과 책장이 결합된 학생용 가구, 그 속에 금색 트로피와 상장, 그 옆에 컬러풀 한 문제집들이 줄지어 서 있다. 때때로 그 속에 앉아 있는 어린 사람들과 눈이 마주치기도 하는데, 그 찰나의 표정은 모든 사람이 똑같다. 지루한 와중에 살짝 놀란다. 그리고 어색하지만 태연하게 시선을 돌려버린다.

어릴 때도 그랬고, 지금도 마찬가지로 복도에 면한 작은 방은 아이들의 방이다. 학창 시절 내 방도 복도에 면해 있었다. 누나의 방도, 내 친구의 방도 복도에 면해 있었다. 책상에 앉아 공부하다가, 혹은 공부하는 척하다가, 복도 끝에서 발소리가 나기 시작하면 슬그머니 창문을 닫고는 했다. 꼭 쳐다보지는 않더라도, 누군가의 기운이 나의 가장 내밀한 공간을 지나치는 것이 싫었기 때문이다. 하지만 제아무리 창문을 닫아도 소용없었다. 지익 지익 신발을 끄는 작은 소리는 소름 끼치도록 가깝게 지나갔다.

임시의 거처 같은 그곳엔 진짜가 있을 리 없었다. 학창 시절엔 모든 일이 유예된 채로 지나가 버린다. 공부에 방해가 되니까, 아직은 성숙하지 않은 사람이니까, 참아야 하는 일. 절대로 해서는 안 되는 일들뿐이었다. 용돈을 받아 필요한 것을 사고, 용돈을 아껴서 저축할 순 있지만, 진짜 제대로 된 경제 활동을 할 순 없다. 만화를 그리고, 공을 차고, 연애를 하고, 휴식을 즐기는 그 모든 즐거움에 대하여 죄책감을 느껴야 한다. 하고 싶은 것을 참고, 설사 한다고 해도 그것이 진짜는 아닌 것이다. 모든 것이 유예된 채로 살아가는 나이 때니까 너무 좋은 것을 줄 필요는 없었을 것이다. 그래서 아이들은 현관문이나 다름없는 얄팍한 벽 뒤에 앉게 된 것이다.

유예해 둔 긴 시간을 보내고 진짜 삶을 되찾게 되었을 때, 그래서 이제 마음껏 즐겨야겠다고 생각했을 때, 뒤늦게 깨달은 것은 사람들이 아직도 나를 어린아이로 보고 있다는 사실이었다. 군대를 전역하고, 대학을 졸업하고, 진짜 돈을 벌고, 섹스를 하고, 술을 마시고, 심지어 머리를 넘기면 심심치 않게 흰머리가 발견되는 나이가 되었는데도 사람들은 여전히 모든 것을 유예해 둔 채로 살아가는 가여운 사람처럼 나를 대한다는 사실을 알게 되었다. 복도를 지나며 남의 방을 쓱 훑는 사람처럼 내 곁을 지나는 사람들은 한 번씩 나의 사생활을 들여다보고 지나가곤 했다.

"이렇게 멋있는 아들이 왜 결혼을 안 하고 있을꼬?"

어른들은 나를 추켜세우는 듯 걱정했다. 그럴 땐 마치 내가 처리해 버려야 할 커다란 짐 덩이처럼 느껴져 오래 앉아 있을 수가 없었다.

"너는 결혼하지 말아라. 정말 부럽다."

친구들과 모인 자리에서는 아직 연애를 해도 되는 사람쯤으로 여겨져 부러움을 샀다. 그들은 내가 부럽다는 듯 말했지만 결국은 훈계다. 그들은 내 자리를 들여다보고 있었고 나는 그것이 몹시 불편했다. 그래서 그들을 마주하는 나의 표정은 지루하고, 나른했을 것이다. 창살 너머로 눈을 마주친 사람처럼 대답을 하는 대신 어색하지만 태연한 척 시선을 돌려버렸을 것이다.

결혼은 언제 할 거냐는 부모님의 잔소리가 듣기 싫어서, 혹은 거절하기 미안해서 집을 나오기로 결심하고 몇몇 집들을 둘러보았다. 주로 오래된 아파트였다. "혼자 사시려고요? 결혼은 안 하시게?" 공인중개사는 그 와중에도 내 자리를 들여다보는 것을 놓치지 않았다.

어느 집이나 마찬가지로 아이들 방은 복도에 면해 있었고, 어른들 방은 가장 깊고 넓고 햇빛이 잘 들어오는 곳에 놓여 있었다. 하나같이 거실엔 커다란 사진이 걸려 있었다. 사진엔 온 가족이 다 나와 있지만 사진에 등장하는 인물들 모두 어른들이 바라는 표정과 자세를 하고 있었기 때문에, 거실이 누구의 것인지 정확히 알 수 있었다. 손을 잡고, 어깨에 손을 올리는 등 친구 같은 편안한 자세를 하고 닮은 얼굴들이 밝게 웃고 있다. 하지만 밝게 웃는 표정보다는 셔터를 누르기까지 이들을 독려하고 자세를 고쳐주었을 사진가의 노력이 더 크게 다가왔다. 긴장한 채로 미소를 유지하고 있었을 가족들의 노력이 더 크게 다가왔다.

간혹, 간혹이라기보단 더 자주, 아이들 물건이 거실에 나와 있는 집의 어른들은 아이들이 있어서 집이 좀 어지럽다고 이야기했다. 책과 가방, 줄넘기, 장난감 등 아이들의 자리엔 어쩔 수 없는 것들이 놓여 있었고, 어른의 자리엔 가족사진과 넓은 소파, 좋은 글귀 등 긍정적인 것들이 놓여 있었다. 흔히들 하는 말처럼 결혼은 결심의 문제다. 좋은 일도 힘든 일도 있겠지만, 인생을 긍정하기로 결심하며 어떤 사람은 어른이 되는 것이다. 하지만 긍정하지 않는다는 이유로 안타까운 사람이 될 수는 없다.

아파트에 처음 이사 온 날, 누가 봐도 가발인 것이 확실한, 가느다랗고 단정한 검은색 모발을 쓴 경비원 아저씨는 후진하려는 자동차를 멈춰 세우고 창문에 한쪽 팔을 걸쳤다. 그리고 차 안으로 머리통을 들이밀 기세로 이것저것 캐묻기 시작했다. 마치 친한 조카아이의 안부를 묻듯이.

"혼자 사는 거야? 결혼은 안 했어? 왜? 못 한 거야? 안 한 거야? 아버지는 뭐 하시고?".

싸우기보다는 참고, 대립각을 세우기보다는 적당한 타협점을 찾아 절충하는 방식이 익숙한 사람은 언젠가부터 쓸데없이 버티는 사람, 투쟁하는 사람이 되어버렸다. 내가 놓여 있어야 할 자리에 놓여 있지 않다는 이유였다.

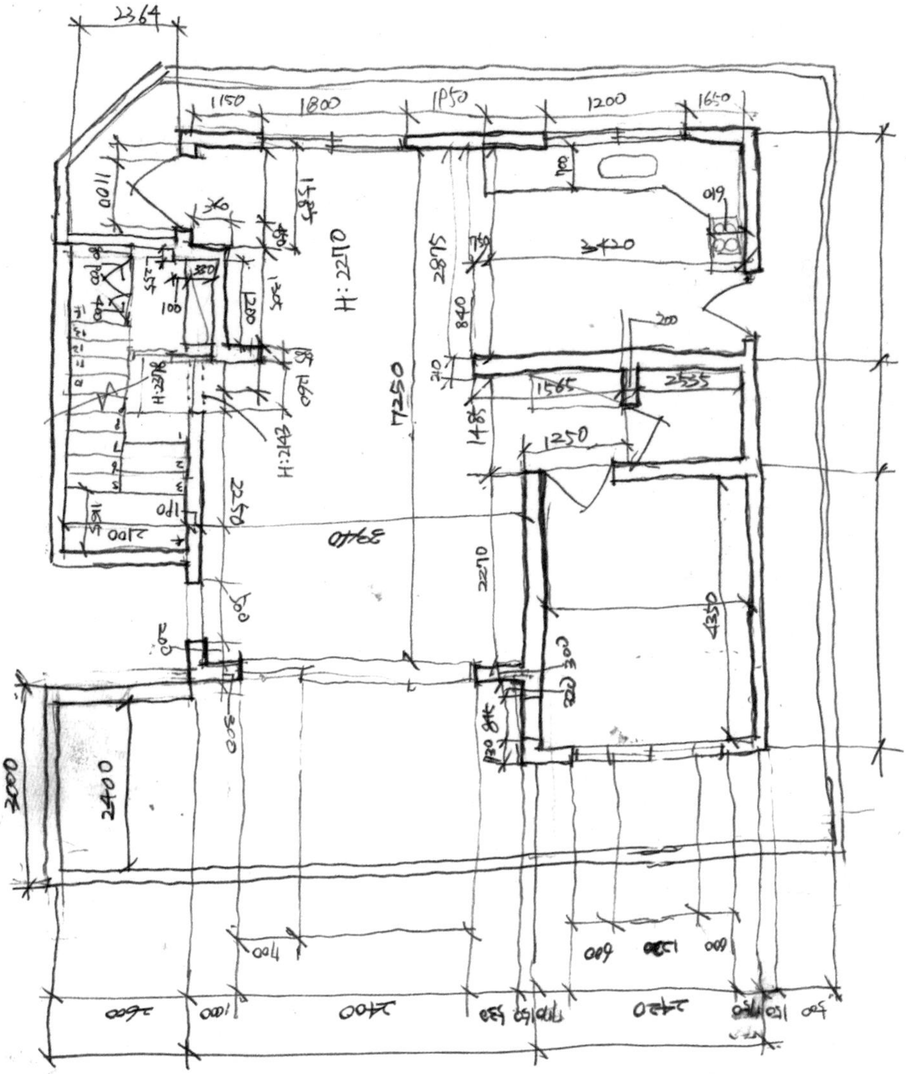
2364
1150
1800
1200
1650
H: 2270
3420
2875
840
7250
1565
2535
1250
2270
4350
2400
2000

R U OK! R U OK?

두 사람의 연애가 제도화된 질서 속으로 들어가려는 찰나 어떤 불편함이 늘었다. 결혼과 관련한 사회 내의 질서들은 우리의 욕망을 자신들에게 맞추기를 원했다. 그래서 어떻게 했냐고? 우리는 나의 불편이 아니라 당신의 불편 속에서 서로의 안부를 묻곤 한다.

글 김나영, 송종원

뒤로 걷는 사람

요즘 아들 연우가 많이 하는 말 중 하나는, "무서워요!"이다. 며칠 전에는 바다 구경을 시켜주려고 부러 데려간 해변에서 달려오는 파도를 보고는 녀석이 또 무섭다고 하여 나와 아내가 조금 당황하기도 했다. 하지만 생각해보면 연우의 무서움은 아주 당연하기도 했다. 반복의 경험 속에서 자신도 모르게 무뎌진 감각을 보이는 어른과는 달리 아이는 사물과 그것의 움직임을 낯섦 속에서 생생하게 체험하는 중이다. 생각해보라, 어른에게는 파도가 일정 시간 나에게 다가왔다 다시 멀어지는 물의 움직임이라는 지식이 있지만, 아이는 파도가 자신에게 다가왔다가 다시 저만치 멀어진다는 지식이 없으니 말 그대로 얼마나 역동적이겠는가. 그러고 보면 무섭다는 감정은 무언가를 예민하게 느끼는 감각의 결과물일 수도 있겠다는 생각이 든다.

연우가 세상에 없었을 때, 누군가가 나에게 무서워하지 말라는 말을 한 적이 있었다. 한 시인의 책 출간을 축하하는 한 자리였다. 처음 보는 분이었는데 나에게 결혼을 했는지 또 아이는 있는지를 묻더니 결혼은 했으나 아직 아이는 없다고 하자 대뜸 겁먹지 말고 무서워하지 말라고 오지랖을 부리는 거였다. 속으로 참 예의가 없으신 분이구나 하고 말았지만 며칠 그 기분 나쁜 조언이 머리를 떠나지 않았다. 사실 그이의 무례한 질문과 '고나리' 질은 문제였지만 그이의 말이 나의 속내를 들여다본 부분이 없지는 않았다. 나는 아이를 낳고 기르는 일은 마땅히 겁을 내고 두려워해야 하는 일이라고도 생각했다. 한 생명에게 지극한 영향력을 행사하는 일이 어찌 그렇지 않을까.

아내는 나에게 종종 겁이 없다고 말하지만, 나는 내가 겁이 많은 편이라고 생각한다. 나와 아내가 아직 부부가 아니었을 때, 나는 결혼을 앞두고 덜컥 무서워졌다. 두 사람의 연애가 제도화된 질서 속으로 들어가려는 찰나 어떤 불편함이 늘었다. 결혼과 관련한 가족과 사회 내의 질서들은 우리의 욕망을 자신들에게 맞추기를 원했다. 가령 가족 내 특정 행사들은 우리의 행위와 동선을 제한했으며, 사회적 시선들은 이른바 정상 가족의 범주 속으로 나와 아내가 들어가라고 독촉하는 듯했다. 이른바 '결혼은 현실이야.'라는 말이 귓전을 울리며 나에게 여러 생각들을 강요했고, 나는 그 시그널로부터 어떤 위험요소를 느낀 것이다.

긴 상이 있다/ 한 아름에 잡히지 않아 같이 들어야 한다/ 좁은 문이 나타나면/ 한 사람은 등을 앞으로 하고 걸어야 한다/ 뒤로 걷는 사람은 앞으로 걷는 사람을 읽으며/ 걸음을 옮겨야 한다/ 잠시 허리를 펴거나 굽힐 때/ 서로 높이를 조절해야 한다/ 다 온 것 같다고/ 먼저 탕 하고 상을 내려놓아서도 안 된다/ 걸음의 속도도 맞추어야 한다/ 한 발/ 또 한 발

- 함민복, <부부> 전문

나는 결혼과 관련해서 누군가의 생생하고도 애정 어린 말과 지식을 원했다. 그중에서도 아는 형이자 시인의 말이 좋았다. 그는 나에게 한국 사회에서 결혼은 대체로 남자에게 유리한 제도적 측면이 있으니 항상 아내의 욕망에 귀를 기울여야 한다고 조언했다. 나의 불편은 아내의 느끼는 것에 비하면 절대적으로 늘 적을 거라는 말이었다. 요즘 말로 뼈를 때리는 말이었다. 멍청하게도 나는 나의 불편을 대하는 시선 속에서만 아내의 불편을 바라보고 있었던 것이다. 저 말을 들은 후 내가 무감한 사이 아내가 느낄 수 있는 불편의 목록을 떠올리고 또 알아보려 애쓴다. 알 수 없는 움직임으로 밀려오는 생활의 압박 속에서 아내가 혼자서 무서웠던 적이 없길 바라지만, 여전히 부족한 부분이 많다. 한 지붕 아래 같이 생활하는 과정에는 함민복의 시처럼 긴 상을 들고 좁은 문밖으로 나가야 하는 상황 같은 때가 종종 있다. 그리고 그때 둘 중 하나는 꼭 뒤로 걸어야 한다. 나는 그때마다 뒤로 걸으며 앞으로 걷는 사람의 마음을 읽는 자리는 내 차지가 되어야 한다고 생각한다. 아내는 나에게 세상에 나보다 더 귀한 이가 있다고 알려준 사람이다. 그런 사람이 세상을 살며 느끼는 불편과 두려움을 덜어주는 사람 중 하나가 꼭 나였으면 좋겠다.

미친 짓에 미치는 힘

세기 초입, 《결혼은 미친 짓이다》라는 소설과 동명 소설을 기반으로 한 영화가 연달아 대중의 주목을 받았다. 이제는 그런 연애와 결혼에 대한 상상력 자체가 전혀 새롭지 않다고 여겨지는 시대를 우리는 살고 있다. 한때는 일종의 낯설게 하기 효과를 발휘했던 저 소설과 영화의 제목은 이제 와 보면 너무나 구태의연한 느낌을 줄 뿐이다.

그 이후에도, 현재까지도 수많은 연애와 결혼에 관한 서적과 티브이 프로그램과 영화 등의 콘텐츠 제목에서 우리는 미침을 마주하게 된다. 그래서일까. 역시 21세기 초반에 대학생이 되어 부지런히 여러 매체의 혜택을 접하고 살아온 내게 '결혼'이라는 명사와 '미치다'라는 동사는 자연스럽게 만나는 단어들로 여겨진다. 결혼과 미침이 결혼이라도 한 것처럼. 둘이 만나 하나의 고유함을 이루는 것처럼. 어쩌면 이것은 21세기식 속담 같은 것인지도 모르겠다. 결혼은 미친 짓이다.

속담이라는 게 일정 정도 삶에 대한 지혜와 교훈을 담고 있고-물론 거기에는 또한 일정 정도의 실제 삶의 세부에 관련한 통계가 반영될 것이다- 시대에 따라서 새롭게 해석할 여지도 풍부하게 갖게 되는 말이듯, 이 글이 작성된 2020년 4분의 3분기 이후의 어느 시점에서 당신과 또 다른 당신은 저 말을 나와는 전혀 다르게 해석하고 있을지도 모른다. 이쯤에서 내가 하고 싶은 말은 결국 결혼이라는 것은 그 의미를 분명하게 말하기가 비교적 쉬운 편인 보통명사보다는 오히려 그 말을 사용하는 사람과의 '관계'에 따라 의미가 크게 달라질 수 있는 고유명사에 속하는 게 아닐까 싶다는 것이다. 누가 결혼을 말하는가가 중요하다는 말이다.

연애나 결혼에는 어떤 특정된 관점이나 태도가 불가능하다. 그것은 연애나 결혼에 따르는 개인적인 요소가 가변적이기도 하기 때문이지만, 그보다는 개인의 확고함이나 일관성이 무용한 환경에 우리가 살아가고 있다는 것을 더욱 생각해보게 된다. 언젠가부터 뉴스의 중요한 한 꼭지를 차지하고 있는 결혼은 젊은 세대의 경제력, 출산율, 노령화 지수 등등의 말들을 거느리며 결혼을 하지 않기로 마음먹은 사람들, 결혼을 하고 싶으나 할 수 없는 사람들의 마음에 더욱 깊은 상처를 내는 말이 되었다.

결혼을 하던 당시에 대학원을 다니던 학생이었던 나는 간간이 하는 아르바이트가 아니면 별다른 수입도 없던 처지였다. 별로 가진 것 없는 나를 믿어준 남편과 항상 무조건적으로 나를 믿어준 부모의 힘으로 가능한 게 결혼이었다. 지지와 믿음 더하기 지지와 믿음. 사람이 사람에게 갖는 지지와 믿음, 그 불가피하고도 불가해한 지속과 연결의 힘이 어쩌면 '미침'의 다른 말이 아닐까. 그것은 나와 네가 속하는 견고한 울타리를 짓고 보수하는 힘이 아니라 있던 울타리를 트고 부수어 더 넓은 세계를 상상하는 힘이지 않을까.

무엇이 당신을 밀치(게 하)는가

지난 일요일, 그가 나를 밀쳤다. 우리는 그날 하루를 그의 집에서 보냈다. 온종일 짙은 구름이 하늘에 무겁게 떠올라 있었다. 시간은 느리게 흘렀다. 집에 돌아가려 자리에서 일어났을 때는 이미 늦은 밤이었다. 창 너머, 익숙한 풍경이 까맣게 지워진 것을 나는 보았다. 아무것도 보이지 않았다. 그리고 현관문 밖으로 나왔을 때, 계단과 복도를 비추고 있던 불빛이 지직, 소리를 내더니 갑작스레 꺼졌다. 눈앞이 캄캄하게 사라졌다. 나는 어둠 속에서 손을 허우적거렸다. 나는 그를 불렀다. 그를 찾았다. 바로 그 순간이었다. 강한 힘이 내 등을 퍽, 하고 밀었다. 나는 계단 아래로 굴렀다. 계단 모서리에 오른쪽 허벅지를 세게 부딪혔고, 덜컹 하는 느낌과 함께 몸이 아래로 떨어졌다. 시멘트 바닥에 왼쪽 볼이 짓눌리듯 닿았다. 차가웠다. 몸을 움직일 수가 없었다. 나는 그대로 엎드린 채 눈꺼풀을 천천히 깜빡였다.

멀리서부터 들려오는 세찬 빗소리가 귓가를 파고들었다. 그러나 그날, 비는 오지 않았다. 엉덩이에서 오른쪽 허벅지로 이어지는 자리에 길고 검은 멍자국이 생겼다. 얼핏 보면 그것은 살 속 깊은 곳까지 도려낸 어둡고 긴 구멍처럼 보였다. 평온한 날이었다.

돌아오는 봄, 우리는 결혼할 것이다.

- 강화길, <괜찮은 사람> 중에서

강화길의 소설이 그려내는 세계의 양상은 다양하고 다층적이지만, 그중에서도 나는 그가 사람의 마음, 혹은 심리를 다루는 데에서 그 소설의 특별함을 말할 수 있다고 믿는다. 무엇보다 복잡하고 다단하고 미묘하고 시시각각 변화를 거듭하는 세계인 인간의 마음 하나를 집요하고 충실히 파고들어, 그 어둠을 한순간이나마 밝혀 보여주는 듯한 "불빛"을 독자 스스로 발견하게 한다. 누구에게나 "갑작스레" 꺼지기 마련인 그것은 그 자신이 되찾을 수밖에 없는 것이기도 하다는 듯이.

인용한 부분은 단편 <괜찮은 사람>의 도입부다. '그'는 '나'에게 청혼하듯이 함께 살고 싶은 집이 있다고 말하고, 우리는 함께 그곳으로 가는 도중이다. 하지만 조수석에 앉은 나는 내내 몸과 마음의 불편과 불안에 시달린다. "지난 일요일, 그가 나를 밀쳤다"는 사실 때문이다. 여기에는 한 편의 사실과 한 편의 의심이 뒤섞여 있다. 실제로 그가 나를 계단 아래로 밀었다는 것, 나를 밀게 된 그의 말을 믿지 못하게 됐다는 것. 결코 정확한 해석과 판단이 불가능해 보이는 장면이 "우리는 결혼할 것이다"라는 결연한 말로 이어지며 이 단편은 결혼에 대한 섬뜩한 알레고리가 된다.

하나 잊지 말아야 할 것은, 이 단정 짓는 듯한 말은 사실 아무것도 판단하거나 결정하지 못한/않는 채로 쓰이고 있다는 점이다. 추락과 고양의 반복을 기꺼이 감당하게 되는, 나의 가장 친밀한 관계를 가능하게 하는 힘은 언제나 알 수 없이 우리의 어둠 속에 도사리고 있다.

앤 타일러《아마추어 메리지》| 우치다 타츠루《곤란한 결혼》

My Amateur Marriage

나의 아마추어적인 결혼 생활

결혼이 무엇인지 알아서 결혼을 한 것이 아니다. 결혼을 했어도 결혼이 무엇인지 잘 모른다. 결혼한 지 15년째, 그러나 여전히 아마추어인 나는 이제야 주례사의 의미를 깨닫는다. 왠지 소름이 돋는다.

글 한수희 일러스트 서수연

내가 결혼한다고 했을 때, 내 친구들은 다들 경악했다. 네가 결혼을 하다니. 네가 이렇게 빨리 결혼을 하다니. 나는 스물여덟 살에 결혼했다. 그때는 서른이 되기 전에 빨리 결혼해야 할 것 같아 똥줄이 탔지만, 결혼을 하고 나서야 내가 너무 설레발을 쳤다는 사실을 알게 되었다. 환승 통로에서 지하철이 도착하는 소리가 들려 우사인 볼트처럼 달렸는데 막상 플랫폼에 도착하니 반대편 지하철이었다는 것을 안 느낌이라고 해야 할까. 아무튼 어쩔 수 없었다. 배 속에 첫째가 있었기 때문이다.

그래서 나에게 결혼 생활이란 육아와 같은 것이었다. 2년 후에 둘째가 태어났고, 아이 하나를 키우는 일은 얼마나 고상한 것인지를 깨달았다. 그 시절을 짐승처럼 보내고 나니 우리는 결혼 15년 차의 40대 배불뚝이들이 되었다.

솔직히 말해 내 결혼의 가장 큰 성취는 아직 이혼하지 않은 것이다. 그간 우리는 얼마나 많은 이혼의 위기를 넘겼던가. 결혼에 골인하는 것보다 어려운 것은 계속 결혼한 상태를 유지하는 일임을 우리는 왜 몰랐을까. 아, 아니지. 주례사에도 다 있는 얘기지. 아플 때나 힘들 때나 괴로울 때나 슬플 때나 검은 머리 파뿌리 될 때까지 서로 사랑할 것을 맹세합니까? 그때는 아이구, 이놈의 창의성이라고는 1도 없는 주례사 언제 끝나나 싶어 딴 생각만 했었다.

기분이 좋을 때, 만사가 잘 굴러갈 때, 앞날이 딱히 걱정되지 않을 때, 몸이 건강할 때, 상대가 잘생기고 예뻐 보일 때 서로를 사랑하기란 굉장히 쉽다. 하지만 되는 일이 하나도 없을 때, 앞날에 먹구름과 안개가 잔뜩 끼고 천둥 번개 폭우까지 집중 공격을 퍼부을 때, 상대의 얼굴과 몸이 무너져 내리기 시작했을 때, 그때도 상대를 사랑하기란, 아니 포기하지 않는 것이야 말로 진정 어려운 일이다. 이때는 남녀 간의 사랑만이 아니라 전장에서의 의리나 보다 폭넓은 인간애 같은 것들이 요구되기 때문이다.

내가 사랑하는 작가 앤 타일러는 유독 결혼 생활에 관한 이야기를 많이 쓰는데, 그 이유가 결혼 생활의 본질, 그러니까 서로 다른 성격의 사람들이 갈등을 겪으며 살아가는 이야기가 언제나 자신을 매료시키기 때문이라고 설명했다. 그의 소설 《아마추어 메리지》에는 폴린과 마이클이라는 전혀 다른 성격의 남녀가 등장한다. 두 사람은 우연히 사랑에 빠져 충동적으로 결혼을 하지만 그 결혼 생활은 순탄치 않다.

폴린은 결혼이란 두 영혼의 엮어짜기라고 믿었지만 마이클은 두 사람이 나란히, 그러나 따로 떨어져서 걸어가는 것이라고 믿었다. "당신, 무슨 생각을 하고 있어요?", "당신의 솔직한 기분을 말해봐요." 폴린이 마이클에게 자주 하는 말이었다. 그녀는 습관적으로 마이클의 우편물을 뜯어보았다. 마이클이 통화를 하면 꼭 누구와 통화했는지 물었다. 그녀가 입에 달고 사는 '맞혀봐요'도 그에겐 일종의 강요로 느껴졌다("마이클, 맞혀봐요...... 아니, 진짜로, 맞혀보라고요...... 어서. 그냥 짐작해보라니까요...... 틀렸어요. 다시 생각해봐요...... 얼른!")
그렇게 다른 두 영혼이 어떻게 엮어 짜일 수 있을까? 마이클은 그것만 봐도 자신의 결혼관이 맞는 것 같았다.

-앤 타일러, 《아마추어 메리지》 중에서

앤 타일러가 폴린과 마이클의 결혼 생활에 '아마추어 메리지'라는 제목을 지어준 까닭은 그들이 너무도 아마추어적이기 때문이다. 대부분의 부부들은 서로 사랑하기도 하고 미워하기도 하면서 타협안을 찾아나간다. 상대의 얼굴을 손톱으로 긁어버

리고 싶을 정도로 미운 날도 있지만, 저 사람 없이 이 세상을 어떻게 살아나갈 수 있을까 싶을 정도로 소중한 날도 있는 것이다. 하지만 자유분방하고 외향적인 폴린과 신중하고 내향적인 마이클은 결혼 생활 내내 싸우고 화해하기를 반복하면서도 끝내 타협하지 못한다. 그 과정에서 첫째인 딸 린디는 집을 나가 부모와 연을 끊어버린다.

마이클은 사진사가 시키는 대로 한 팔로 폴린의 허리를 감고 그녀의 팔꿈치까지 내려오는 원피스 소맷단 바로 위를 잡았다. 그 순간 무언가가(어쩌면 맨살의 스펀지 같은 생경한 감촉이나 익숙지 않은 실크 냄새가) 낯선 사람 옆에 서 있는 듯한 기분을 느끼게 했다. 이 여자가 누구지? 나와 무슨 관계가 있는 거지? 어떻게 우리가 한 집에서 함께 아이들을 키우며 살아온 인생의 동반자일 수 있지? 그의 겨드랑이를 눌러오는 그녀의 어깨가 생명 없는 물체처럼 느껴졌다.

-앤 타일러, 《아마추어 메리지》 중에서

폴린과 마이클처럼 남편과 나는 외모부터 성격, 취향까지 어느 하나 맞는 구석이 없다. 하긴, 이렇게 안 맞는데도 결혼까지 하게 된 것이야말로, 이렇게 오래 함께 살고 있는 것이야말로 진정 기적이라고 봐야겠지. 남편은 내 앞에서 내가 싫어하는 시끄러운 팟캐스트를 틀지 않고, 나는 그가 밤늦게까지 게임 하는 것을 받아들인다. 우리는 오랜 싸움 끝에 타협안을 찾아나가고 있다.

그러나 가끔 내 남편이라는 남자가, 지난 15년간 매일 내 옆에서 잠을 자는 이 남자가, 내 아이들의 아버지인 이 남자가 누구인지 궁금하다. 그가 무슨 생각을 하고 있는지 궁금하다. 나는 그를 모른다. 그 사실이 섬뜩하게 느껴질 때도 있다.

당신이 배우자에 대해 '잘 모르겠다'고 생각하는 건 십중팔구 그 배우자 본인도 잘 모르고 있을 겁니다. 그러므로 "당신, 내게 진짜 원하는 게 뭐야?" 같은 말을 해서는 안 됩니다. 그런 질문에 곧바로 대답할 수 있는 사람은 이 세상에 존재하지 않습니다. 그보다는 그 '잘 모르겠는 사람'이 항상 자기 옆에 있고 같이 밥을 먹고 수다를 떨고 함께 놀며, 기대고 싶을 땐 의지할 기둥이 되어준다는 사실을 인식하시는 게 좋습니다. 이렇게 생각하는 편이 훨씬 감동적이라고 생각합니다.

-우치다 타츠루, 《곤란한 결혼》 중에서

내가 세상에서 가장 좋아하는 아저씨들 중 하나인 우치다 타츠루는(사실 선생님이라고 생각합니다!) 《곤란한 결혼》이라는 책을 통해 결혼의 곤란한 점들과 그럼에도 결혼하면 좋은 이유에 대해 썼다. 나는 젊은 세대에게 이런 이야기를 들려주는 어른들이 좋다. 인생은 별거 없고 사실은 시궁창 같은 걸 수도 있지만, 그래도 사는 건 썩 괜찮다고 말해주는 어른들이 좋다.

사실 우치다 타츠루는 젊은 시절 한 번 이혼을 했고 그 후로 오랫동안 홀로 딸을 키우는 싱글 파더였다. 그럼에도 그는 결혼을 통해 피 한 방울 섞이지 않은 두 사람이 같은 집에 살면서 오늘의 즐거움과 고충을 나누고, 함께 내일을 걱정하고 기대할 수 있는 삶이야말로 꽤 괜찮은 것이라는 이야기를 들려준다. 혼자보다 둘이 낫기 때문에 결혼을 하고 같이 사는 것이지, 상대와 한마음, 한 몸이 되기 위해 결혼을 하는 것이 아니라는 이야기다.

솔직히 말해 자신이 건강하고 풍요로울 때는 결혼할 필요가 그다지 없습니다. 결혼하지 않은 상태가 가처분 소득도 많고 자유롭게 살 수 있잖아요. 건강하고 풍요롭다면 독신을 선택하는 것이 편한 길을 선택하는 것입니다.

결혼하길 잘했다고 생각하게 되는 것은 '아플 때'와 '궁핍할 때'입니다. 결혼이라는 건 그러한 인생의 위기를 타개하기 위한 안전장치인 것입니다. 결혼은 질병과 빈곤을 전제로 생각해야 하는 겁니다.

-우치다 타츠루, 《곤란한 결혼》 중에서

나도 가끔 결혼하지 않은 친구들을 부러워한다. 그들의 자유가 부럽다. 하루 일을 마치고 퇴근하다 기분 내키는 대로 근사한 식당이나 카페에 앉아 여유를 부릴 그들의 자유가 부럽다. 토요일이나 일요일 아침에 누구의 방해도 받지 않고 늘어지게 잘 그들의 자유가 부럽다. 생각나면 어디로든 훌쩍 떠날 그들의 자유가 부럽다. 누구도 그들의 선택에 태클을 걸지 않는 그런 자유가 부럽다.

하지만 나는 결혼을 해버렸다. 결혼하지 않고 나이 들어가는 한수희의 삶은 살지 못하게 된 것이다. 결혼하지 않은 사람의 입장 같은 건 나는 죽었다 깨어나도 모를 것이다. 그 사람이 누릴 자유도, 그 사람이 견뎌야 할 고독도 나는 모른다. 나는 혼자 살기에는 너무 나약해서 결혼했다. 내가 보살펴주고, 나를 보살펴줄 사람이 필요해서 나는 결혼했다. 요점은 그것이다. 안정적인 관계에 속하고 싶어서 나는 결혼했다.

우치다 타츠루에 따르면 결혼은 사랑의 결실이 아니라, 함께 살기 위한 공적인 제도다. 서로 부부가 되었다는 것을 만인의 앞에서 선언하는 이유도, 굳이 혼인신고라는 것을 해야 하는 이유도, 가급적 헤어지는 것을 어렵게 만들기 위해서다. 왜냐하면 이 세상은 혼자서 살아가기에는 꽤나 모진 곳이기 때문이다.

사실 결혼의 핵심은 거기에 있습니다. 결혼생활이라는 가장 작은 형태의 사회조직을 통해 우리는 공동체의 조직을 배우고 타인과 함께 살아가는 기술을 체득하는 것입니다. 사랑하고 소원해지고 신뢰하고 배신당하고 헤어지고 상처받고 치유하고 간호하고... 이 과정에서 모두가 어른이 되어가지요. (중략) 어른이 되고 싶다면 결혼을 하는 편이 낫습니다. 그래서 어른이 되면 자신이 결혼한 의미를 알게 됩니다.

-우치다 타츠루, 《곤란한 결혼》 중에서

그렇지만 나는 결혼 신봉자가 아니다. 결혼 따위, 안 해도 좋다고 생각한다. 결혼을 해도 어른이 되지 않는 사람이 수두룩하다. 하지만 문제는 결혼을 하고 안 하고가 아니라, 왜 인간이 결혼 제도를 계속해서 유지해 왔는지를 묻는 데 있을 것이다. 결혼을 통해 우리는 힘들거나 아플 때 보살핌과 도움을 받을 가족이라는 공동체의 일원이 될 수 있다. 동시에 결혼을 통해 우리는 끝없이 상대를 이해하고 양보하며 공생의 기술을 익히며 인간적으로 성숙해 나간다. 결혼을 통해 사람들은 그런 이득을 얻는다.

그러니 결혼하지 않은 사람들은 나름의 사회적 안전망을 찾으면 된다. 정책과 제도를 요구하고 친구나 사회적 가족을 만들면 된다. 다시 말하지만 인간은 혼자 살 수 없으며, 우리에게는 홀로 견뎌야 할 수만 톤의 외로움이 기다리고 있기 때문이다.

어떤 사람과 결혼하느냐에 따라 인생은 바뀝니다. 배우자가 달라지면 발현되는 '자신'도 달라집니다. 하지만 '날로 먹든 절여 먹든 삶아 먹든 구워 먹든 튀겨 먹든 가지는 가지'입니다. 그런 의미에서 발현되는 자신이 어떤 모습이든 '진짜 자신'인 것이지요. 그러니 결혼은 누구랑 해도 상관없으며, 어느 쪽이 좋고 나쁘다고도 말할 수 없다고 저는 늘 말씀드립니다.

-우치다 타츠루, 《곤란한 결혼》 중에서

"엄마가 그러셨잖아. 결혼은 과일나무와 같다고. 기억 안 나? 종류가 다른 가지들을 한 나무줄기에 접붙인 거라고. 세월과 함께 그 가지들이 하나가 되어 자라는 거고 사과나무에 복숭아가 열리고 자두나무에 체리가 열려도, 아무리 뒤죽박죽돼도 상관없다고. 그 가지들을 떼어내려고 하면 치명적인 상처를 입게 된다고."

-앤 타일러, 《아마추어 메리지》 중에서

나는 늘 남편을 사랑한다고 말하는, 멋지고 잘생겼다고 말하는, 남편에게 부드럽고 따뜻한 미소를 보내는 어떤 여자의 인스타그램을 훔쳐본다. 나도 저렇게 살아야 할 텐데, 이제 와서 저렇게 하면 미쳤냐는 소리나 듣겠지. 가끔 남편이 내 불안정하고 이기적인 성격과 무뚝뚝한 언사를 견디지 못해 떠나겠다고 말하는 상상을 한다. 정말 무서운 일이다. 나와 남편은 앞으로도 오랫동안, 검은 머리가 파뿌리가 될 때까지 함께 살 수 있을까? 서로를 사랑하고 미워하며 이 위태로운 결혼 생활을 계속할 수 있을까? 모르겠다. 앞일을 누가 알겠는가?

아무튼 노력하고 있다. 계속 함께 살기 위해 노력하고 있다. 타인과 함께 사는 일이야말로 가장 어렵고 또 가장 노력할 만한 가치가 있는 일이라 믿으면서. 그가 구덩이에 빠졌을 때 구덩이 속으로 손을 내밀어줄 사람이 되기 위해 노력하고 있다. 어쩌면 나처럼 이기적인 사람이 누군가를 위해 이렇게 노력하고 있다는 것만으로도, 결혼은 충분히 가치 있는 것이다.

《아마추어 메리지》 앤 타일러 | 시공사
《곤란한 결혼》 우치다 타츠루 | 민들레

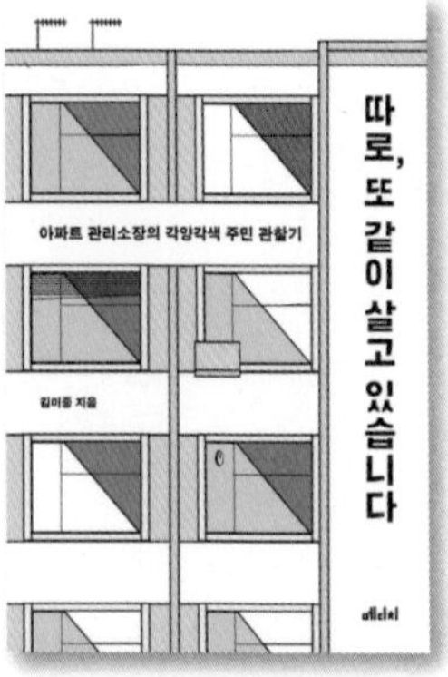

따로, 또 같이 살고 있습니다

김미중 | 메디치미디어

'한국 사회의 보편적 주거공간이 된 아파트, 그 안에서 어떻게 살아가야 할까' 아파트 관리소장인 저자는 관리소 직원의 업무와 이들이 주민들의 이해관계를 어떻게 조율하고 갈등을 풀어나가는지를 담담하게 풀어놓는다. 타인과 함께 살아가는 오늘 세상엔 참 많은 사람들이 있다. 온갖 사람들이 모여있는 아파트라는 공간 속에서 우리는 무엇을 발견할 수 있을까.

여자 둘이 살고 있습니다

김하나, 황선우 | 위즈덤하우스

혼자서도 잘 살고 있던 두 사람. 하나라서 누리지 못했던 장점을 갖기 위해 모였다. 결혼이 아닌, 조립식 가족의 형태를 꾸리고 사는 이들. 너무 다른 두 사람이 사는 모습은 마냥 밝지만은 않을 것이다. 하지만 혼자라서, 결혼을 해서 느끼지 못했던 이점들이 그녀들의 생활 속에 있다. 함께 살며 따로 사는 이야기. 같이 사는 집의 풍경은 또 어떨지 궁금하다.

친구에게

이해인 | 샘터

'떨어져 있어도 가까운 마음으로 그리움 담아 전하는 글' 오랜 세월, 우정에 관한 글을 쌓아온 이해인 수녀. 그녀는 흩어져 있는 편지 같은 글들을 한 곳에 모아보고 싶었다. 그렇게 어른을 위한 그림 책, 《친구에게》가 탄생한다. 이규태 작가의 아름다운 그림과 함께 마음을 울리는 문장들. 깊은 곳에 남을 명장면이다.

거제 가정식

이나영 | 테이스트북스

'소박하지만 맛있는 부부가 매일 먹는 일상 집밥을 소개합니다.' 매일의 식사를 기록하는 일은 결국 매일이 평안하다는 것과 같은 뜻 아닐까. 결혼 후 직장을 그만두고 거제에서의 새로운 일상을 시작한 작가는 자신과 남편을 위한 식탁을 차리기 시작했다. 그곳의 시원한 바람, 탁 트인 풍경과 함께 상상하는 음식은 퍽 사랑스럽다.

하고 싶으면 하는 거지 비혼

김애순, 이진송 | 알마

78년간 '비혼'으로 살아온 김애순, 삶에서 '결혼'이라는 선택지를 빼버린 이진송 작가. 두 여자는 비혼이라고 하면 생기는 주변의 무수한 적들을 물리치기 위해 열심히 내달렸다. 갑갑한 이 세계에서 비혼으로 살아가는 방법을 똑 부러지게 전달한다. 혼자서도 잘 살 수 있다는 것을, 결코 혼자라고 두려워하지 않아도 된다는 것을 일러주는 두 사람의 외침이다.

외롭지 않을 권리

황두영 | 시사IN북

그 어떤 법적 권리도 없는 동거, 높은 장벽의 혼인. 이 두가지 선택지에서 갈팡질팡하기는 싫다. 좋아하는 이와 함께 하고 싶은 일상을 꼭 어려운 법적 절차와 혈연이라는 것으로 보장해야 할까. 이 책은 '생활동반자법'이라는 명칭을 만들고 입법 제의까지 했던 저자가 제시하는 새로운 해법이다. 내가 행복하면서도 동시에 우리일 수 있는 탄탄한 방식을 전달한다.

Greet!

〈나의 사랑 나의 신부〉(2014)
임찬상 | 로맨스

영민과 미영. 벚꽃이 흩날리던 날, 대판 싸우던 이들은 결국 결혼했다. 불타는 신혼 생활도 저물어 가고 어느새 서로를 미워하는 마음과 아련한 옛 애인들이 떠오른다. 급기야 영민은 미영이 얄미워 짜장면 그릇에 그녀의 얼굴을 묻는 상상을 한다. 영원한 사랑은 없는 걸까. 울고 소리치고 싸우고 결혼을 의심하는 순간들. 그 모든 폭풍이 지나고 두 사람에게 남는 것은 무엇일까.

〈어바웃 타임〉(2013)
리차드 커티스 | 로맨스

작은 성당과 빨간색 미니 드레스. 퍼붓는 비와 뛰어가는 하객들. 마구 웃는 팀과 메리. 〈어바웃 타임〉을 떠올리면 가장 먼저 떠올리는 장면이다. 정말로 영화 같은 결혼식이다. 최고의 날에 최악의 상황, 그 속에서 웃고 있는 사람들은 마치 팀이 시간을 돌리고 마주했던 현재와 같다. 쏟아지는 비처럼 오는 다음을 받아들이고 살아가는 것. 언제나 '지금'이 중요하다는 것.

〈아무르〉(2012)
미카엘 하네케 | 멜로

미카엘 하네케가 하는 죽음과 사랑 이야기. 안온한 노후를 보내던 노부부 조르주와 안느에게 어느 날 위기가 찾아온다. 마비 증세가 일어난 안느. 둘의 삶은 하루아침에 달라지고 마침내 어려운 선택을 해야만 하는 순간이 찾아왔다. 어둡고 천천한 공간에 담긴 주름 잡힌 얼굴들. 두 노인이 서로의 얼굴을 마주 보고 있는 장면은 아주 오래 남을 하나의 잔상이다.

〈웨딩 싱어〉(1998)
프랭크 코라치 | 로맨스

아담 샌들러와 드류 베리모어. 보기만 해도 웃음 지어지는 조합이다. 어쩌면 그 시작은 이 영화가 아니었을까. 결혼식장에서 만난 로비와 줄리아는 그곳의 주인공이 아니었다. 누군가의 결혼식에 수많은 하객 중 하나였던 둘은 '함께'가 되어 서로를 찾아간다. 결혼식을 둘러싼 여러 상황과 감정들. 그 안에 진짜인 것은 오직 두 사람의 사랑이다.

〈무드인디고〉(2013)
미셸 공드리 | 멜로

미셸 공드리가 하는 사랑과 결혼 이야기. 이 영화는 '당신의 사랑은 어떤 색인가요?'라는 물음으로부터 시작한다. 공드리 다운 이미지와 아이디어로 가득 채워진 영화. 물속에서 자유롭게 유영하며 결혼했던 콜랭과 클로에. 화려하고 아름다운 이미지만큼 두 사람의 사랑도 아름답기만 할까. 영화 속에서 점점 변해가는 색들을 마주하면서 또 다른 사랑의 이면을 본다.

〈졸업〉(1967)
마이크 니콜스 | 드라마

결혼을 말했을 때 이 영화를 빼놓을 수 있을까? 결혼식 날 사랑하는 신부의 손을 잡고 도망치는 수많은 클리셰는 이 영화로부터 시작했다. '일레인!'을 외치던 벤자민의 목소리가 왕왕 울린다. 모든 걸 해치고 마침내 손을 잡고 버스에 올라타는 두 사람. 카메라는 둘의 모습을 정면으로 바라보고, 서서히 굳어가는 벤자민과 일레인의 표정을 담는다.

환상의 커플

세상엔 너무나 많은 콤비가 있다.
나란히 잘도 걸어가는 사이, 마주 보며 생긋 웃는 게 일상인 사이,
투닥투닥 싸우면서도 떨어질 줄 모르는 사이, 등 돌리고 씩씩대는 복잡한 사이.
당신이 아는 최고의 한 쌍이 궁금하다!

예슬과 고양이들 | 발행인 송원준
나이가 먹어 늘 누워 있는 우리 고양이들이 열광하는 순간이 하루에 한 번 찾아온다. 자던 고양이들이 일어나서 합창하며 뛰어 다니면 바로 예슬님이 오신 거다.

고양이 삼인방 | 편집장 김이경
어라운드에는 시작부터 함께한 고양이 삼인방 빵이, 하이, 아리가 있다. 빵이와 아리는 아끼는 사이다. 없으면 서로 찾고 비비적대며 지낸다. 아리의 엄마 하이는 한 발짝 뒤에서 그들을 지켜본다. 혼자 사색을 즐기는 편이고 가끔 짜증을 내기도 한다. 이 삼인방 영원히 보고 싶어.

강신숙과 이강원 | 에디터 이주연
강원은 신숙이 다니던 국민학교에 1학년 2학기 때 전학 온 아이였다. 강원은 수재였다. 공부를 잘했고 놀기도 잘 놀았다. 신숙도 수재였다. 그림을 잘 그렸고 글씨를 놀랍도록 잘 썼다. 이 둘은 매일 어울려 놀다가 같은 중학교에 입학했다. 1973년, 14살이 된 강원은 신숙에게 말한다. "나랑 사귈래?" 단 한 번의 연애로 1988년 결혼에 골인한 신숙과 강원은 훗날 딸을 하나 낳는데, 수재와 수재의 만남이라 그런지 그 딸도 수재라고 한다. 에헴.

한유주와 최한성 | 에디터 김지수
화가와 음악가. 드라마 〈커피프린스 1호점〉의 유주와 한성은 10년이라는 긴 시간 동안 모든 미움과 상처를 주고받은 사이다. 그럼에도 늘 함께인 사람들이다. 이해하기 어렵지만 이해하고 싶은 그런 사람들이다.

은수와 태오 | 디자이너 양예슬
내가 가장 애정 하는 드라마 〈달콤한 나의 도시〉에 나오는 이들. 여름날만 되면 어김없이 그리워지는 나의 드라마를 이번 여름에도 다시금 꺼내보았고, 은수와 태오는 여전히도 찬란히 빛이 났다. 지나간 연인에 대해 묻는 은수에게 그 시간에 대한 예의라며 말을 아끼는 사려 깊은 태오를 참 많이 닮고 싶다.

엄마와 고양이 두부 | 디자이너 홍지윤
동물을 별로 좋아하지 않았고 고양이를 무서워했던 우리 엄마는 두부를 만나 동물에게 너무 다정해졌다. 꼭 엄마 옆에서만 잠을 자려고 해서 종종 서로가 서로를 귀찮아 하기도 하지만 가만히 둘을 보고 있으면 기분이 좋아진다. 내가 가끔 질투를 하긴 하는데 누구를 향한 질투인지는 모르겠다. 매일 티격태격해도 돼. 둘 다 건강하자.

속초의 선녀와 나무꾼 | 에디터 김현지
부부는 화가다. 나무 그림을 주로 그리는 남편의 애칭은 나무꾼이고 옆에서 꽃을 그리는 아내의 별명은 선녀. 선녀와 나무꾼은 좋아하는 것이 많아서 참 바지런하다. 아내는 안 입는 옷을 재활용해 소품을 만들고 남편은 버려진 나무로 가구를 만들어 내는 재주가 있다. 각자의 시간을 채우다 밥때가 되면 나란히 숲을 바라보며 식사를 하는 이들은 건강해 보인다. 매일의 삶에서 호기심을 잃지 않으며 늙고 싶다.

옆집의 노부부 | 에디터 이다은
노부부의 옆집에 살았던 적이 있다. 종종 지하철 역 앞에서 두 사람을 마주칠 때마다 할아버지와 할머니는 손을 꼭 잡고 있었다. 하루는 집으로 향하는 두 개의 그림자를 따라 천천히 걸었다. 걸으면서 할머니가 된 내 모습을 상상해 보았다. 늙은 내 옆에 조금 더 늙은 할아버지를 그려 보았다.

김환기와 김향안 | 에디터 하나
김환기는 향안에게 제 이름을 주고 수화가 됐다. 각진 안경과 동그란 안경. 절반 접어 오려낸 듯한, 그러나 내내 가까운 둘의 간격이 며칠 내내 머릿속에 맴돈다. 거대한 한 점의 히스테릭 덩어리를 볼 때마다 향안 앞으로 보낸 그의 편지가 떠오른다. 세계를 파랗게 물들인 손으로 쓴 글씨가 어떻게 그리 다정한 걸까.

조정석과 거미 | 에디터 김채은
옛날부터 조정석과 결혼하는 것이 꿈이었다. 결혼 소식을 듣고 한동안 슬펐지만, 마음을 다시 고쳐먹었다. 조정석 같은 남자를 만나고 내가 거미가 되어야지.

Publisher
송원준 Song Wonjune

Editor in Chief
김이경 Kim Leekyeng

Senior Editor
이주연 Lee Zuyeon

Editor
김현지 Kim Hyunjee
이다은 Lee Daeun
김지수 Kim Zysoo

Art Director
김이경 Kim Leekyeng

Designer
양예슬 Yang Yeseul
홍지윤 Hong Jiyoon

Cover Image
Salva López

Photographer
강현욱 Kang Hyunuk
김연경 Kim Yeonkyung
이요셉 Lee Joseph
해란 Hae Ran

Project Editor
김건태 Kim Kuntae
김나영 Kim Nayoung
배순탁 Bae Soontak
송종원 Song Jongwon
이기준 Lee Kijoon
전진우 Jun Jinwoo
정다운 Jung Daun
한수희 Han Suhui
한승재 Han Seungjae

Illustrator
서수연 Seo Sooyeon
오하이오 Ohio
휘리 Wheelee

AROUND PAGE
이랑 Lee Lang
히로카와 타케시 Hirokawa Takeshi

Copy Editor
기인선 Ki Inseon

Management Support
강상림 Kang Sanglim

Advertisement
김양호 Kim Yangho
김갑진 Kim Gabjin
하나 Hana

Publishing
(주)어라운드
도서등록번호 제 2014-000186호
출판등록일 2009년 12월 5일
ISSN 2287-4216
창간 2012년 8월 20일
발행일 2020년 8월 26일

AROUND Inc.
서울시 마포구 동교로51길 27
27, Donggyoro 51-gil, Mapo-gu, Seoul, Korea

광고 문의
around@a-round.kr
070 8650 6378

구독 문의
around@a-round.kr
070 8650 6375

어라운드는 나무를 아끼기 위해 고지율 20%인 재생종이 그린라이트를 사용합니다.

HOMEPAGE a-round.kr
INSTAGRAM instagram.com/aroundmagazine
FACEBOOK facebook.com/around.play
FILM vimeo.com/around